영국 빅토리아 시대의
라이프 스타일

Cha Tea 홍차 교실 지음 문성호 옮김

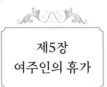

제8장
새로운 가족

 머리말

2015년 설날, 런던의 호텔에서 이 원고를 쓰기 시작했습니다.

13년 전, 자택의 거실에서 시작했던 작은 홍차 교실은 정신을 차려보니 졸업생을 2,000명이나 배출할 정도의 대가족이 되어 있었습니다. 일시적으로 사무실을 빌려 운영하던 시기를 지나, 영국 주택을 지은 4년 전부터는 자택 겸 살롱이라는 형태로 스태프와 함께 수강생들을 맞이하고 있습니다.

홍차 자체의 맛이나 제조 공정을 추구하는 공부, 홍차 끓이는 법이나 어레인지하는 법을 배우는 레슨, 영국 홍차의 역사적 배경을 알아보는 시간 등 홍차 교실에서는 다양한 레슨 내용을 제공하고 있지만, 자택 교실이라는 환경에서는 '홍차와 함께하는 커뮤니케이션', '대접하는 마음가짐', '홍차를 즐기는 주거공간의 소중함'을 수강생 여러분과 공유하는 기회가 많아서 집에 사람들을 초대하는 소중함을 다시금 실감했습니다.

이 책의 테마인 빅토리아 시대(1837~1901)는 홍차를 매개로 한 커

뮤니케이션이 영국 중산층(미들 클래스)에 침투했던 시대입니다. 아직 호텔이나 티 룸도 적어서 여성들의 사교의 중심은 '자택'이었습니다. 남과 친해지려면 스스로의 주거공간을 개방하고 사람들을 초대해야만 했습니다. 물론 정식 만찬에 게스트를 부르는 것이 이상적이었지만, 그건 젊은 초보 주부에게는 무척 어려운 일입니다. 여주인들은 우선 편한 오후 사교 모임인 '애프터눈 티'를 활용해 홍차를 함께 마시며 우정을 키우고 존경하는 여성과 친교를 돈독히 했습니다.

이 책에서는 영국의 빅토리아 시대 중산계급 여성들의 생활을 당시 폭발적인 베스트셀러였던 『비튼의 가정서』를 교본 삼아 따라가볼까 합니다. 사람들의 생활에서 빼놓을 수 없었던 티타임은 어떤 장면에서 어떤 의미를 지니고 등장할까요. 현재는 호텔에서 마시는 것으로 여겨지는 '애프터눈 티'의 원래의 모습이 분명히 보일 것입니다.

제1장
『비튼의 가정서』

중산계급 주부를 대상으로 한 가정서가 다수 출판된 빅토리아 시대에
『비튼의 가정서』는 엄청난 베스트셀러가 되었습니다.
편집자는 이저벨라 메어리 비튼. 그는 어떤 여성이며,
어떤 책을 만들었던 걸까요.

이저벨라의 24세
때 초상

이저벨라 메어리 메이슨의 탄생

『비튼의 가정서(Mrs. Beeton's Book of Household Management)』 편집자인 이저벨라 (1836~1865)는 1836년 3월 13일 런던 메릴본에서 메이슨 가문의 장녀로 태어났습니다. 아버지인 벤저민 메이슨(불명~1841)은 신흥 하층 중산계급에 속하는 리넨(아마사로 짠 직물의 총칭-역자 주) 상인이었습니다. 일가는 그녀가 탄생한 후 런던의 도심 부근인 밀크스트리트로 이사했습니다.

이저벨라가 네 살이 되었을 때 아버지가 사망했습니다. 남편을 여읜 어머니 엘리자베스(1815~1871)는 생활고에 시달리다 2년 후, 부인을 잃고 홀아비로 사는 헨리 돌링(Henry Dorling, 불명~1873)과 재혼해 서리(Surrey)주(州)의 엡섬(Epsom)으로 이사했습니다. 돌링가(家)는 경마장의 경주마 정보를 담은 '레이스 카드' 인쇄로 성공한 부유한 가정으로, 경마 레이스인 '더비 스테익스(Derby Stakes)'나 '오크스(Oaks)'가 개최되는 엡섬 경마장의 소유주였습니다.

재혼한 양친에겐 각각 4명의 아이가 있었기에 새 가정은 8명의 아이를 둔 대가족이었습니다. 양친은 재혼 후에도 아이를 낳았고,

이저벨라의 양아버지가 소유주였던 엡섬 경마장. 이저벨라는 동생들과 이 경마장에서 묵었던 적도 있습니다(Black's Guide / 1874년판).

모두 합쳐 21명의 형제자매가 되었습니다! 이저벨라는 장녀로서 동생들을 이끄는 리더십을 몸에 익혀나갔습니다. 양아버지인 헨리는 똑똑한 이저벨라를 마음에 들어 했고, 그 덕분에 그녀는 당시 여성으로서는 최고의 교육을 받을 수 있었습니다.

16세 때 런던 교외의 이즐링턴(Islington)에 있는 기숙학교에 입학했고, 고등교육을 받기 위해 독일 하이델베르크(Heidelberg)로 유학을 떠났습니다. 이저벨라는 거기서 독일어, 프랑스어, 요리와 피아노 등의 교양을 몸에 익혔습니다. 양아버지 헨리는 컨트리 하우스도 소유하고 있을 정도로 부자였는데, 자신의 저택에서 열리는 만찬회에도 가끔 이저벨라를 참석시켰나 봅니다.

새뮤얼의 29세 때 초상　　　『영국 부인 가정 잡지』의 표지(The Englishwoman's Domestic Magazine New Series Vol. VIII / 1864년판)

이저벨라와 새뮤얼의 결혼

　이저벨라는 1855년 여름, 옛날 일가족이 밀크스트리트로 이사를 온 이후에도 어머니끼리 교류가 있었던 비튼가(家)의 아들 새뮤얼 오차트 비튼(Samuel Orchart Beeton, 1831~1877)을 만났고, 그와 사랑에 빠져 약혼을 하게 됩니다.

　새뮤얼은 21세 때 클라크·비튼&컴퍼니 인쇄출판회사의 공동 경영자가 되었습니다. 이 회사는『톰 아저씨의 오두막(Uncle Tom's Cabin)』(미국 여성작가 해리엇 비처 스토[Harriet Beecher Stowe]의 소설)의 영국판을 출판해 실적을 올렸고, 1852년부터는 중산계급 여성을 대상으로『영국 부인 가정 잡지(The Englishwoman's Domestic Magazine)』를 간행해 인기를 모았습니다.

　새뮤얼이 클라크와 공동으로 운영하던 사업을 그만두고 독립한 것이 1855년입니다. 새뮤얼의 본가가 선술집(태번, Tavern)을 경영했기 때문에, 양아버지 헨리는 이저벨라에겐 좀 더 신분이 높은 상대가 어울린다면서 이 결혼을 반대했습니다. 하지만 이저벨라는 뜻을 굽히지 않았습니다.

　1856년 7월 10일, 두 사람은 결혼했습니다. 결혼식은 엡섬의 세인트 마틴즈 패리시(St. Martins Parish) 교회에서, 피로연은 엡섬 경마장의 그랜드 스탠드에서 열렸습니다. 두 사람의 결혼 공시는 『런던타임스(London Times)』 지면에도 게재되었습니다. 이저벨라는 하얀 비단 웨딩드레스를 입었는데, 눈부시도록 아름다웠다고 합니다. 피로연도 무척 호화로웠고, 신혼 커플에게 보내는 수많은 선물과 테이블마다 가득한 진수성찬이 화려한 하루를 장식했습니다.

새로운 생활

　두 사람의 새로운 생활은 런던에서 약 20km 떨어진 피너(Pinner)에서 시작됐습니다. 부부의 집은 당시 중산계급에서 유행하던 세미 디태치드 하우스(Semi-detached House / 66~69페이지 참조)였습니다.

　집에는 요리사, 하우스메이드, 키친메이드, 정원사를 한 명씩 고용했으며, 신혼여행에서 돌아온 그녀가 주부로서 가장 먼저 한 일은 하인들에게 저녁을 준비하라고 지시하는 것이었다고 합니다.

하지만 당시 20세였던 이저벨라는 여주인으로서 하인들을 제대로 통솔하지 못했고, 이사 온 직후에는 곤혹스러운 일만 벌어졌던 모양입니다. 그 후 생활에 익숙해지면서 부부는 새로운 거처에 친구들을 초대하거나, 국내에서 바캉스를 즐기거나, 해외여행을 떠나는 등 신혼 생활을 즐겼습니다.

이저벨라가 그 후 편집한 『비튼의 가정서』 21번에는, 중산계급의 연(年) 수입에 맞는 이상적인 하인 직종이 제시되어 있습니다. 여기서 추정할 수 있는 새뮤얼의 연 수입은 최소한 750~1,000파운드 정도. 그럼에도 불구하고 양아버지 헨리가 결혼에 반대했음을 생각해 보면, 이저벨라의 본가는 더욱 유복한 가정이었다고 생각할 수 있습니다.

참고로 하인에게 지불하는 연간 급여 기준도 기재되어 있는데, 제복을 지급하지 않는 경우를 예로 들면 요리사, 정원사, 하인(서번트)의 연간 급여는 20~40파운드, 진일(빨래나 부엌일 등 물을 써서 하는 일-역자 주)을 하지 않는 하우스메이드는 홍차나 설탕, 맥주 등의 수당이 없는 경우에는 12~20파운드, 진

영국 가정의 하인 고용 상황

『비튼의 가정서』 21번 / 1861년판

연(年) 수입 1,000파운드 가구	요리사, 어퍼 하우스메이드, 너스메이드, 언더 하우스메이드, 서번트(남성 하인)
연 수입 750파운드 가구	요리사, 하우스메이드, 너스메이드, 풋보이
연 수입 500파운드 가구	요리사, 하우스메이드, 너스메이드
연 수입 300파운드 가구	메이드 오브 올 워크, 너스메이드
연 수입 150~200파운드 가구	메이드 오브 올 워크, 필요시 도와주는 소녀

일도 포함해 모든 일을 하는 메이드 오브 올 워크(가정 잡역 하녀)는 9~14파운드, 너스메이드(보모)는 8~12파운드, 필요시 잡일을 도와주는 소녀는 5~9파운드였습니다.

라이자 피커드(Liza Picard, 1927~)가 2005년에 발표한 『빅토리안 런던(Vitorian London)』에 따르면, 1861년 잉글랜드와 웨일스의 인구 조사에서 연 수입이 300~1,000파운드인 사람은 15만 명 정도였으며, 이들은 중산계급 중에서도 어퍼 미들 클래스라 불리는 계급에 속했습니다. 연 수입 100~300파운드는 85만 명으로, 그들은 미들 미들 클래스였고, 그리고 100파운드 전후인 사람은 100만 명으로, 로워 미들 클래스였습니다. 로워 미들 클래스에는 상점 경영자나 사무원 등도 포함되었으므로, 이저벨라의 친부, 그리고 새뮤얼의 본가도 이 클래스에 속해 있었으리라 추측됩니다. 중산계급이라 해도 상당한 차이가 있었음을 상상할 수 있습니다. 참고로 상류계급은 5만 명, 노동자계급은 800만 명 정도였습니다.

『비튼의 가정서』 출판

이저벨라라는 이름을 유명하게 해준 『비튼의 가정서』는, 남편 새뮤얼의 회사가 발행하던 잡지 『영국 부인 가정 잡지』의 칼럼을 기초로 구상되었습니다. 빅토리아 시대는 출판 사업이 급속도로 발전한 시대이기도 합니다. 1848년에 처음으로 여성들을 위한, 생활을 테

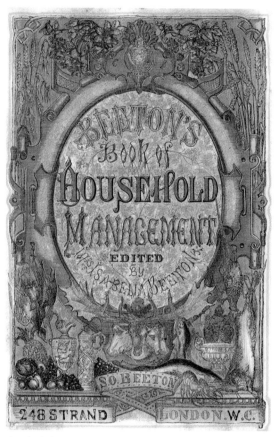

『비튼의 가정서』 초판본의 표지. 현재 초판본의 복각판이 발간되었으나 오리지널에는 프리미엄이 붙었습니다(Beeton's Book of Household Management / 1861년판).

마로 한 월간 잡지 『패밀리 이코노미스트(Family Economist)』가 발매되어 커다란 화제가 되었습니다. 『영국 부인 가정 잡지』도 그런 시대의 흐름에 편승한 것입니다.

결혼하고 8개월 후 남편의 회사에서 일하던 칼럼니스트가 퇴직한 것을 계기로, 이저벨라는 이 잡지에 프랑스 문학 번역과 요리와 가정에 관한 기사 등을 게재하기 시작합니다.

이윽고 그 일을 매달 하게 되었고, 한 달에 3개의 칼럼을 담당하기도 했습니다. 잡지는 순조롭게 팔렸고, 1860년에는 발행 부수 5만 부를 자랑할 정도로 중산계급 주부층에서 큰 인기를 끄는 존재가 되었습니다.

이저벨라는 지면에 게재할 요리 레시피를 독자들에게 모집하거나, 독자의 질문에 대답하는 코너를 담당하면서 지면을 통해 독자들과 교류하기 시작했습니다. 같은 세대 주부들의 고민에 공감하고, 또 선배 주부들의 조언에 도움을 받으면서 이렇게 생각했습니다.

'한 가정의 주부는 육군 사령관하고 똑같아! 요리나 청소를 이해하고 하인들에게 지시를 내려야 하고, 이웃들과의 교류나 접대 매너에 대해서도 알아야만 해. 육아는 물론이고, 남편과 아이들이 병에 걸리지 않도록 항상 신경 써야 하잖아!'

'어머니에게 그런 것들을 배운 사람은 문제없지만, 나처럼 그렇지 않은 사람도 있을 거야. 가사 매뉴얼이 알파벳순으로 정리된 책이 있으면 얼마나 큰 도움이 될까!'

1859년, 이저벨라와 새뮤얼은 잡지에 연재했던 기사를 정리해 출판하기로 했습니다. 하지만 한 권에 다 정리해버리면 여성이 구입하기에는 너무 비싼 책이 되어버리고 맙니다. 그래서 예쁘게 디자인한 주머니에 든 소책자를 월간으로 발행하게 되었습니다. 3펜스인 소책자를 2년 동안 매월 계속 구입하면 책 한 권 분량이 되며, 1실링 6펜스의 비용을 지불하면 출판사에서 제본해준다… 이런 조건이 딸린 판매였습니다. 전 권을 예약한 사람에게는 덤으로 금시계를 주는 등 특전까지 준비되어 있었던 모양입니다.

하지만 한 권의 가격이 저가라는 이점은 있었지만, 사는 걸 깜빡하거나 마지막에 제본을 부탁하는 것이 귀찮다는 의견도 나왔기 때문에, 1861년 10월 1일 2년분의 소책자를 한 권으로 모아 『비튼의 가정서』로 간행한 것입니다. 판매 가격은 7실링 6펜스였습니다.

이 책은 출판된 후 겨우 1년 만에 6만 부의 매상을 올립니다. 이저벨라 자신이 저자라 오해받는 경우가 많지만, 타이틀에 붙는 '비튼(Beeton's)'은 '비튼의 회사'라는 의미이며(그들은 이 밖에도 『비튼의 사전[Beeton's Dictionary]』, 『비튼의 매일매일 정원 가꾸기[Beeton's Everyday Gardening]』 등 '비튼'이라는 이름이 붙는 서적을 다수 출판했습니다), 이저벨라의 입장은 어디까지나 편집자였습니다.

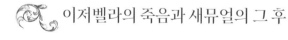 이저벨라의 죽음과 새뮤얼의 그 후

1857년, 이저벨라와 새뮤얼 사이에서 태어난 장남이 불행하게도

비튼가의 묘석. 웨스트노우드의 묘지에는 비튼 오솔길이라는 이름이 붙은 길이 있습니다(2015년 촬영).

생후 얼마 되지 않아 죽는 일이 벌어졌습니다. 아들을 잃은 그달, 이저벨라는 깊은 슬픔 때문인지 잡지에 칼럼을 쓰지 않았습니다. 그녀가 남편의 회사 일을 본격적으로 돕기 시작한 것은 장남이 죽은 이후이므로, 부인의 슬픔을 덜어주기 위해 남편 새뮤얼이 일을 권했던 건지도 모릅니다.

이어서 1859년에 탄생한 둘째 아들마저 세 살 때 목숨을 잃었습니다. 이저벨라의 어머니는 다산하셨고 형제자매도 건강한 체질이었던 만큼 이저벨라의 출산에 대한 이미지는 두 아들의 죽음을 계기로 크게 변해버렸음이 분명합니다. 『비튼의 가정서』 출판 후인

1863년에 탄생한 셋째 아들 오차트, 1865년에 탄생한 넷째 아들 메이슨은 둘 다 1947년까지 살았습니다. 하지만 넷째 아들 메이슨이 태어나고 며칠 후인 2월 3일, 이저벨라는 산욕열(産褥熱, 분만 때 생긴 생식기의 상처를 통해 침입한 세균에 감염되어 고열을 내는 증상-역자 주)로 이 세상을 떠나고 맙니다. 28세 때였습니다.

아내가 갑작스럽게 타계하자 새뮤얼은 깊은 슬픔에 빠집니다. 이저벨라의 본가로부터는 주부 일만이 아니라 회사에서도 이저벨라를 혹사시킨 것이 원인이 아니냐고 비난을 받았습니다.

불운은 이후에도 계속되어, 이저벨라가 죽은 지 1년 후 새뮤얼은 거래하던 은행이 도산하는 바람에 파산을 피할 수 없게 됩니다. 이 파산으로 말미암아 새뮤얼은 이저벨라와 함께 탄생시킨 『비튼의 가정서』 판권을 라이벌 회사였던 워드록앤타일러사에 매각해야 했고, 자신은 그 회사의 사원이 될 수밖에 없었습니다. 매각 금액은 겨우 1,800파운드였습니다.

회사원이 된 새뮤얼의 연 수입은 400파운드로, 자신의 회사가 이미 출판한 책과 그가 새로 기획해 내놓은 책 수익의 일부였습니다. 이 금액은 『비튼의 가정서』가 초판 때부터 1868년까지 200만 부나 팔렸음을 고려하면 매우 적은 금액이었다고 할 수 있습니다. 새뮤얼은 다시 한 번 자신의 회사를 살려보고 싶어 했으나 1877년 폐결핵으로 사망합니다. 이저벨라와 새뮤얼의 유골은 남런던의 웨스트 노우드 묘지(West Norwood Cemetery)에 매장되었습니다.

『비튼의 가정서』의 매력

『비튼의 가정서』가 다른 가정서와 비교했을 때 어째서 그렇게 수많은 중산계급 여성들의 지지를 받았는지, 그 매력과 내용을 소개해보도록 하겠습니다.

수많은 레시피

총 1,112페이지 중에서 레시피가 900페이지에 걸쳐 소개되어 있습니다. 그 숫자는 놀랍게도 1,800종 이상입니다. 현재의 출판물에도 한 권에 이 정도 숫자의 레시피가 담긴 경우는 쉽게 찾아볼 수 없을 겁니다. 마치 백과사전 정도의 두께입니다.

시험 제작·시식·연구를 더한 다양한 레시피

그런 레시피 중 이저벨라 자신이 제안한 레시피는 10개도 되지 않았습니다.

이저벨라는 초보 주부였고, 특별히 요리를 잘하는 편은 아니었습니다. 그녀는 영국 가정에 전해져온 전통 요리, 독자들이 투고한 레시피, 친구가 제공해준 레시피를 자택의 부엌에서 요리사와 키친메이드들과 협력해 순서를 정리하고 분량을 계산한 다음 그 결과를 취합해 편집한 것입니다.

3097.—DINNERS FOR SIX PERSONS.—MARCH.

I. 𝕸enu. *(English.)*	Recipe No.	Quantity.	Aver'ge Cost.	𝕸enu. *(French.)*
			s. d.	
Oxtail Soup.	366	2½ pts.	2 6	Potage de Queue de Bœuf.
Soles with Cream Sauce.	556	1 pair	3 0	Soles à la Crême.
Whitebait.	583	2 pts.	4 0	Blanchailles.
Rissolettes of Hare.	1425	6	2 0	Rissolettes de Levraut.
Saddle of Mutton.	1107	1 joint	8 0	Selle de Mouton.
Ducklings.	1291	2 birds	6 0	Canetons.
Maraschino Jelly.	2006	1 mld.	2 6	Gelée au Marasquin.
Iced Pudding.	1788	1	5 0	Pouding Glacée.
Vegetables } *Potatoes.*	1602	2 lbs.	0 2	*Légumes* { *Pommes de Terre.*
with joint } *Spinach.*	1630	2 lbs.	0 6	*Epinards.*
			1 13 8	

🐾 3월의 6인분 디너 식단의 예. 선택된 요리의 레시피 번호와 가격 기준도 적혀 있어 무척 친절합니다(Mrs. Beeton's Book of Household Management / 1888년판).

LEMON CAKE.

1764. INGREDIENTS.—10 eggs, 3 tablespoonfuls of orange-flower water, ¾ lb. of pounded loaf sugar, 1 lemon, ¾ lb. of flour.

Mode.—Separate the whites from the yolks of the eggs ; whisk the former to a stiff froth ; add the orange-flower water, the sugar, grated lemon-rind, and mix these ingredients well together. Then beat the yolks of the eggs, and add them, with the lemon-juice, to the whites, &c.; dredge in the flour gradually ; keep beating the mixture well ; put it into a buttered mould, and bake the cake about an hour, or rather longer. The addition of a little butter, beaten to a cream, we think, would improve this cake.

Time.—About 1 hour.   *Average cost, 1s. 4d.*

Seasonable at any time.

CAKE-MOULD.

🐾 레몬 케이크 레시피. 현재의 레시피와 비교하면 약간 대충대충인 느낌이지만, 당시로서는 굉장히 상세한 편이었습니다(Beeton's Book of Household Management / 1861년판).

사람 수와 달에 따라 식단을 다르게 짜주다

접대 요리의 식단을 사람 수에 따라, 그리고 달마다 다르게 짜둔 기사를 별도로 첨부한 것도 독자들을 기쁘게 했습니다.

현재 일본에선 가정 요리의 식단을 짜는 것도 주부의 고민 중 하나입니다. 자신도 모르게 똑같은 식단이 되어버리기도 하고, 선택한 메뉴를 동시에 만들기가 어렵기도 해서 다수의 손님을 대접하기 위해서는 자기 나름의 경험이 필요합니다. 초보자의 입장을 중시한 이저벨라의 가정서에는 식단 구성이 6인분, 10인분 등 사람 수에 맞게 제시되어 있었습니다.

예를 들어 3월의 식단표는 18인분으로, 10인분과 8인분 식단이 한 종류씩, 그리고 6인분 식단이 4종류로 구성되어 있습니다. 방대한 분량의 레시피와 복수의 식단표가 책에 실려 있다면, 제아무리 애독자가 많다 해도 교제하는 가정의 대접 코스 내용이 전부 겹쳐버리는 최악의 사태는 피할 수 있었을 겁니다.

식재료 분량과 조리시간, 비용의 기준을 명기

고기, 채소, 소금 등 식재료의 분량과 조리시간, 비용의 기준이 기재되어 있던 점도 주부층의 지지를 받은 이유입니다. 빅토리아 시대에 요리란 가정 내에서 조리법을 물려받는 것으로 여겨졌기 때문에, 당시 돌아다니던 요리책에는 분량은 적혀 있지 않은 것이 보통이었습니다. 게재된 레시피를 누구나 정확하게 재현할 수 있도록

풍부한 식재료를 적절한 방법으로 조리해 아름답게 담아냅니다. 게스트의 기뻐하는 얼굴을 상상할 수 있습니다(Beeton's Book of Household Management / 1880년판).

배려한 이런 편집 내용은 초보 주부들에게 큰 환영을 받았습니다.

만들어둘 수 있는 요리가 많다

책에 등장하는 요리는 식사가 시작되기 전에 만들어둘 수 있는 것들이 많고, 손님이 온 후에 조리하는 요리가 거의 없는 것도 특징

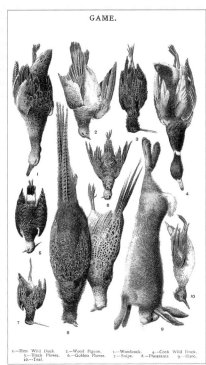

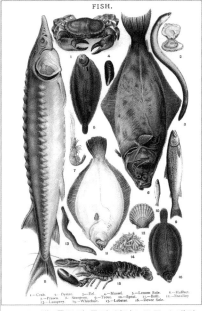

새, 물고기 등이 일러스트로 소개되어 있습니다(Mrs. Beeton's Book of Household Management / 1906년판).

이었습니다. 이거라면 초보 주부라도, 하인 숫자가 적어도 여주인으로서 테이블에 우아하게 앉아 있을 수 있습니다.

그녀가 편집한 레시피는 그야말로 '실전'에서 쓸 수 있는 물건이었던 겁니다.

제철 식재료의 시기와 보존 방법을 소개

빅토리아 시대는 식민지에서 새로운 식재료가 풍부하게 들어온 시대이기도 합니다. 여성들은 '제철 식재료'를 기억하느라 굉장히

FRUIT.

1.—Black Grapes.　2.—Muscat Grapes.　3.—Tangerines.　4.—Bananas.　5.—Oranges.
6.—Peaches.　7.—Pears.　8.—Pineapple.　9 and 10.—Apples.

『비튼의 가정서』에 실린 과일 일러스트들(Mrs. Beeton's Book of Household Management / 1906년판).

고생하고 있었습니다. 이저벨라는 가정서에서 고기, 물고기, 채소, 과일 등 부류별로 매달 제철 식재료를 소개했습니다.

물론 달마다 짜는 레시피에도 훌륭하게 제철 식재료를 사용했습니다. 또 냉장고가 없던 이 시대에 식재료 관리는 주부들의 커다란 고민거리였습니다. 이저벨라는 식재료 보관 방법, 보관 장소에 대해서도 꼼꼼하게 해설했습니다.

가사용 도구를 일러스트로 소개

초보 주부가 먼저 준비해두면 좋을 것 같은 가사용 도구 한 세트에 대해서도, 가격 기준과 무엇이 사용하기 편한지 등에 대한 상세한 어드바이스를 게재했습니다. 레시피에 재료의 분량을 실었기 때문에, 가정의 부엌에서 사용하는 도구 중에서 가장 중요한 것은 '계량기'라고 적어두기도 했습니다.

보관 용기나 손님 접대용 식기에 이르기까지 반드시 필요한 도구부터 고급품까지 소개되어 있습니다. 각각의 도구를 이미지를 떠올리기 쉬운 일러스트로 소개한 점도 독자들이 감격했던 모양입니다.

하인 고용법과 지도 방법도 전수

이 가정서에는 호스트로서 존경받을 수 있게 행동할 수 있도록, 가장인 남편의 이상적인 모습과 사람을 대하는 매너, 하인 고용법

HOUSEHOLD UTENSILS.

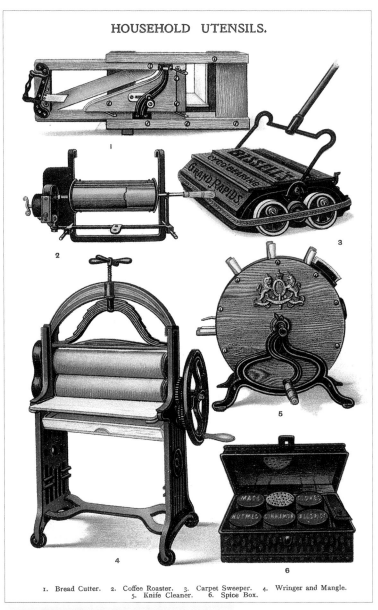

1. Bread Cutter. 2. Coffee Roaster. 3. Carpet Sweeper. 4. Wringer and Mangle.
5. Knife Cleaner. 6. Spice Box.

가사용 도구 소개 페이지(Mrs. Beeton's Book of Household Management / 1906년판)

과 지도 방법까지도 실려 있었습니다.

빅토리아 시대의 중산계급 가정에는 하인이 최소한 한 명은 있었습니다. 하지만 하인의 출신 계급은 대부분 고용주 측보다 빈곤한 가정입니다. 그렇기에 고용주가 원하는 요리는 본 적도 먹어본 적도 없는 게 당연한 일. 경험이 부족한 메이드라도, 주부가 감독하고 정확한 지시를 내리면 가정을 운영하는 데 큰 도움이 된다는 것을 이저벨라는 믿고 있었습니다.

또한 가정서에는 '가정 의학', '법률'에 대한 내용도 있습니다. 이것들은 그녀의 친구인 의사와 변호사의 협력을 받았습니다. 그야말로 백과사전이라 해도 좋을 만큼 내용이 충실한 가정서였지요. 해외 유학을 다녀온 선진적인 여성이었던 이저벨라는 외국의 친구에게 배운 요리 레시피도 적극적으로 받아들여 시야가 넓다는 것도 보여주었습니다.

게다가 스스로의 주장을 기술할 때는 고명한 시인의 시구나 소설 인용문도 자주 사용함으로써 설득력을 갖게 했습니다. 『비튼의 가정서』에서는 이저벨라의 높은 수준의 교양, 훌륭한 편집 능력이 엿보였고, 비슷한 연령대의 여성들은 이저벨라를 동경하게 될 수밖에 없었습니다. 이 책을 구입한 여성 중에 이저벨라 개인의 팬이 된 사람이 많았던 것도 충분히 이해가 갑니다.

그녀는 가정서의 첫머리 인사말에 이런 말을 적었습니다.

'솔직하게 말해서, 이렇게 힘든 일인 줄 미리 알았다면 이

Beeton's Book of Household Management / 1880년판

책을 펴낼 용기가 나지 않았을 거예요.'

그녀는 책에 게재한 레시피를 전부 자신의 집에서 만들어봤다고 하니, 그 노력이 어느 정도인지 가늠할 수조차 없습니다. 채용되지 않은 레시피도 다수 있는 것 같으므로, 시험 삼아 만든 것들의 숫자는 더욱 방대했겠죠.

이저벨라는 이렇게도 적었습니다.

'요즘 남성들은 집 밖의 클럽이나 편안한 선술집, 식당 등에서 지내는 시간이 많아졌습니다. 이런 매력적인 장소와 승부를 벌이려면 주부는 요리 만드는 법을 숙달하고, 쾌적한 가정을 만들고 유지하기 위한 기술에 정통해야 할 필요가 있는 겁니다.'

'제가 이 일에 소비해온 4년 동안 받은 친절한 편지와 격려의 말씀에 경의를 표하고 싶습니다. 앞으로도 같은 처지의 분

들께서 이 책을 받아들여주시리라 믿습니다.'

있는 그대로를 보여주는 이저벨라의 겸허한 자세가 수많은 독자들의 공감을 불러일으켰다고 할 수 있을 겁니다.

 ## 현재에도 사랑받는『비튼의 가정서』

이저벨라와 새뮤얼에게서 떠난『비튼의 가정서』는 그 뒤로 시대의 변화에 발맞춰 몇 번이고 거듭해 개정되었습니다.

1960년대에 출판된 최후 판본은 오래된 영어 어구를 현대 용어로 바꾸고, 조리 도구나 가족 형태의 변화 등에 대응했습니다. 그렇기 때문에 아쉽게도 이저벨라가 만든 초판 내용을 그대로 기재한 것은 거의 사라지고 말았습니다.

또 발행 연도가 다르면 페이지 수나 일러스트도 달라져서『비튼의 가정서』는 수집가가 많은 고서 아이템으로도 알려져 있습니다. 예를 들어 1861년 발행된 초판본은 1,112페이지, 1888년판은 1,644페이지, 1906년판은 가장 두꺼운 2,056페이지, 1923년판은 1,680페이지로 되어 있으며, 책의 크기도 발행 연도에 따라 미묘하게 달라서 초판본은 약간 작은 사이즈입니다. 개정판 중에는 본문의 전후에 광고가 들어가 있는 것도 있으며, 시대를 반영하는 광고 기사도 현재의 우리에게는 흥미로운 자료입니다.

N 1. Raised Pie.   O 1. Vol-au-Vent.   P 1. Christmas Plum Pudding in Mould.
Q 1. Apples in Custard.   R 1. Charlottes aux Pommes.

Beeton's Book of Household Management / 1861년판

『비튼의 가정서』는 판별로 일러스트가 달라졌습니다. 1861년판,
1880년판, 1888년판의 크리스마스 플럼 푸딩의 일러스트입니다.

Open Apple Tart.

Galette.

Iced Pudding.

Apricot Fritters.

Pancakes & Apricot Jam.

Charlotte Russe.

Macaroni Cheese.

Cherry Tart.

Mince Pies.

Almond Puddings.

Tartlets.

Compote of Fruits.

Fruit Pudding.

Fruit Tart.

Christmas Plum Pudding.

Milk Pudding.

Roly-Poly Jam Pudding.

Beeton's Book of Household Management / 1888년판

『비튼의 가정서』관련 도서류는 현재도 인기가 있습니다.

　이저벨라와 새뮤얼을 다룬 전기나, 가정서의 일부를 발췌한 책이나 잡지도 여러 나라에서 출판되었습니다. 2006년에는 영국에서 《비튼 부인의 비밀의 생애(The Secret Life of Mrs. Beeton)》라는 드라마도 방영되었습니다. 이저벨라의 생애는 무척이나 짧고 기록도 적어 현재 전해져오는 것이 전부 사실은 아닐 테지만, 그런 신비함도 우리를 매료시키는 이유 중 하나일지도 모릅니다.

　자 그럼, 다음 장부터는 빅토리아 시대 『비튼의 가정서』의 독자였던 중산계급 여성이 가정을 꾸리고 새로운 생활을 하면서, 이저벨라의 가르침을 어떻게 참고하며 실천했는지를 소개하도록 하겠습니다.

제2장
웨딩

결혼으로 시작되는 자신의 가정—.
빅토리아 시대 여성들에게 가장 중요한 사항은
결혼해서 가정을 갖는 것이었습니다.
행운을 얻은 여성은 화창한 곳에서 결혼식 준비에 열중하게 됩니다.

대학을 다니던 약혼자와 재회한 여성. 빅토리아 시대에는 남성 쪽에 재력이 생기기 전에는 결혼해선 안 된다고 생각하는 부모가 많았기 때문에 약혼기간은 보통 긴 편이었습니다(The Illustrated London News / 1883년 9월 29일).

결혼 사정

빅토리아 시대의 접대는 '가정'에서 이루어졌습니다. 그 일을 맡은 것은 아내인 여주인. 여성에게 이것은 최대의 '일'로 여겨졌습니다. 일본과는 다르게 결혼한 남녀는 양친과 동거하지 않았으며, 다른 집에 사는 것이 관행이던 영국에서는 '결혼'하지 않은 여성은 일하지 않는 것이나 다름없었고, 본가에서 잔뜩 주눅이 든 상태로 생활했던 모양입니다.

빅토리아 시대의 평균 결혼연령은 남녀 모두 25~26세. 상류계급일수록 여성은 20세 전에 약혼하는 것이 이상적으로 여겨졌습니다. 사교계 데뷔가 16~18세였으므로, 앳된 모습이 남아 있는 몇 년 안에 상대를 결정하려는 거였을까요. 참고로 결혼 가능 연령은 1875년의 법률로 13세로 정해져 있었습니다.

앞 장에서 소개했던 『비튼의 가정서』를 편집했던 이저벨라 메어리 비튼은 19세에 약혼하고 20세에 결혼했으므로, 중산계급으로서는 평균적이었다 할 수 있을 겁니다. 빅토리아 시대는 부모님이 맺어주는 중매결혼이 주류였지만, 이저벨라처럼 부모님의 반대를 이겨내고 연애결혼을 하는 여성도 적긴 했지만 있었습니다. 이저벨라는 사랑하는 남성과 결혼하는, 빅토리아 시대 여성의 꿈을 이룬 존재였다고도 할 수 있겠죠.

오스카 와일드(Oscar Wilde, 1854~1900)의 희곡 『진지함의 중요성 (The Importance of Being Earnest)』(1895년 첫 공연)에도, 남성의 성장 내력 때문에 모친이 결혼을 반대하는 커플이 등장하며, 이런 대사가 있습니다.

궨딜린 : 어니스트, 우리 있죠, 결혼 못 할지도 모른대요. 엄마 얼굴색을 보면 아무래도 될 것 같지가 않아요. 요즘 부모들은 자식들이 하는 말을 전혀 들으려고 하질 않잖아요. 젊은

이를 존경하는 그 고풍스러운 관습은 점점 소용없어지고 있어요. (중략) 엄마의 반대 때문에 우리 둘이 부부가 되지 못하고, 제가 누군가 다른 사람과 결혼해도, 몇 번을 결혼한다 해도, 설령 엄마가 무슨 짓을 한다 해도, 당신에 대한 영원한 애정을 변하게 할 순 없어요.

이 커플이 그 후 어떻게 되었는지, 부디 희곡을 읽어보시기 바랍니다.

러브 레터

결혼하지 않은 남녀가 단둘이 만나는 것은 금지되어 있었던 빅토리아 시대.

연애 중인 남녀가 자주 교환했던 것은 편지입니다. 이저벨라가 약혼 중에 새뮤얼과 교환한 편지가 남아 있습니다. 이저벨라는 편지에 가끔 '남이 보면 곤란하니까, 이 편지는 읽으면 처리를'이라고 부탁했지만, 새뮤얼의 사후에 대량의 편지가 코트 주머니나 책상 서랍에서 발견되었습니다. 살짝 한번 보도록 하죠.

'당신은 오늘 뭘 했나요? 당신은 제가 얼마나 당신을 사랑스럽게 생각하고, 외로워하는지 상상할 수 있나요? 새처럼 하늘

연인의 편지를 바라보는 여성. 사랑을 키울 때 편지 교환은 빼놓을 수 없는 것이었습니다(The Illustrated London News / 1884년 2월 16일).

을 날 수 있어서, 당신의 곁에 하루 종일 조용히 머물러 있을 수 있다면 좋을 텐데. 100만 번의 키스를 당신에게.'

'일요일에는 혼자서 해야 하는 일이 무척 많아요. 그러니까 제가 당신에게 가지 못한다 해도 나쁘게 생각하지 마요. 당신이 다음 주 언제 런던에 오는지 알려주세요. 저의 마음은 전부 당신에 대한 사랑으로 가득해요. 저는 당신의 것이에요.'

'저는 당신에게 편지를 쓰지 않고는 잠들 수가 없어요. 무의
미한 행위지만 용서해줘요. 저의 소중한 천사가 당신 위에 찾
아가 즐거운 꿈을 꿀 수 있게 해주기를, 당신의 벨라는 성실한
애정으로 생각해요. … 이 편지는 읽으면 바로 불태워주세요.'

이저벨라의 러브 레터는 상당히 정열적입니다.

웨딩드레스

빅토리아 시대의 혼례 의상은 왕실의 영향을 크게 받았습니다.
현재 웨딩드레스의 기본으로 여겨지는 '하얀 드레스'는 이 시대에
정착된 것입니다. 이저벨라는 결혼식에서 하얀 비단 웨딩드레스를
입었습니다.

하얀 드레스가 정착한 이전에는, 웨딩드레스는 색이 진하고 왕족
의 것이라 해도 색깔 있는 천에 금실이나 은실 등으로 장식한 스타일
이 주류였습니다. 그것이 1840년에 결혼한 빅토리아 여왕(1819~1901)
이 '순결'을 나타내기 위해 유백색 비단으로 만든 드레스를 입으면
서, 하얀 드레스를 입는 것이 유행이 되고 기본이 된 것입니다.

여왕의 웨딩드레스에는 데번셔(Devonshire, 영국 잉글랜드 남서부에 위
치한 카운티-역자 주)의 호니턴 레이스(Honiton Lace)가 사용되었습니다.
호니턴 레이스는 16세기 후반에 네덜란드에서 데번셔로 이주한 플

빅토리아 여왕이 몸에 두른 하얀 드레스, 베일, 오렌지 꽃 머리 장식은 빅토리아 시대의 결혼식을 상징하는 의상이 되었습니다(Queen Victoria Prince Albert / 1862년판).

랑드르(Flandre, 네덜란드 남부와 프랑스 북동부 일대를 지칭하던 말-역자 주)인이 전수했다고 전해지는 보빈 레이스(Bobbin Lace, 보빈에 감은 네 가닥의 실을 비틀거나 교차시키거나 얽어 만드는 레이스-역자 주)로, 꽃이나 잎 등

방문 의상, 웨딩드레스 등 결혼식 때 여성 측이 준비해야 할 의상이 정리되어 실려 있는 패션 카탈로그(The Queen, The Lady's Newspaper / 1878년 3월 30일).

의 소용돌이무늬 디자인이 특징입니다.

베일과 머리 장식

호니턴 레이스는 빅토리아 여왕의 베일에도 사용되었으며, 여왕의 얼굴을 가리지 않게 달려 있었습니다. 당시 호니턴 레이스는 벨기에의 브뤼셀 레이스(Brussels Lace, 벨기에 브뤼셀 지방에서 생산되는 레이스의 총칭. 꽃 모양이나 나뭇가지 모양의 무늬를 이어가며 짠다.-역자 주)에 밀려 쇠퇴하고 있었습니다만, 여왕이 결혼식에 사용하면서 산업이 활성

화되었습니다. 이 일로 여왕의 평판이 굉장히 높아졌습니다.

베일은 결혼식 후 가족의 중요한 행사 등에서도 사용되었으며, 딸이나 손녀들에게 물려주었습니다. 여왕의 베일은 막내딸이 물려받은 모양입니다.

오렌지 꽃 머리 장식도 빅토리아 여왕의 결혼식을 계기로 기본 품목이 되었습니다. 오렌지 꽃은 하얗고 청초해 신부의 순결을 나타내며, 열매가 주렁주렁 맺힌다는 점에서 번영과 다산의 상징으로 여겨졌습니다. 하지만 오렌지 꽃이 피어 있는 기간이 매우 짧았기 때문에 신부의 꽃 장식으로 생화를 사용하기는 대단히 어려웠고, 조화나 도화로 대체해 티아라 등에 사용했습니다. 여왕은 남편이 될 앨버트 공(1819~1861)에게서 도화로 된 오렌지 꽃 브로치를 선물받았고, 거기에 맞춰 어울리는 티아라와 귀걸이 등을 새로 만들었습니다.

왕실로서는 이례적인 연애결혼을 이뤄낸 순진하고 청초한 젊은 빅토리아 여왕의 웨딩 패션은, 퍼레이드를 지켜보던 영국 국민은 물론이고 거기 모였던 외국 사람들에게도 새로운 영국의 탄생이라는 인상을 남겼습니다. 산업혁명으로 인쇄 기술도 진보되어 여왕의 결혼식 모습은 신문이나 잡지에도 크게 다뤄져 상류계급의 신부들이 따라

생화와는 달리 시들지 않는 도화(陶花, 도자기로 만든 꽃-역자 주)는 굉장히 편리했습니다.

했고, 거기서 중산계급으로도 퍼졌습니다. 이런 빅토리아 여왕의 결혼식 의상 세트는 현재 켄싱턴 궁전에 전시되어 인기를 모으고 있습니다.

중산계급 신부의 결혼 준비

비튼사의 간행물 『영국 부인 가정 잡지』 1872년 6월호에는 수습 목사 남성에게 시집가는 19세 독자의 질문과 편집부의 답변이 실려 있습니다.

질문 : 신부의 결혼 준비금 50파운드로, 하얀 새틴 웨딩드레스와 호니턴 레이스 베일을 구입해도 될까요?

답변 : 저희는 그녀의 귀여운 바람에 "노"라고 답하겠습니다. 신분이 높은 사람을 위한 고가의 웨딩드레스는 수습목사 신부에게는 필요가 없고, 또 어울리지도 않습니다. 그렇게 하면 결혼식 의상만으로 50파운드를 거의 다 써버리게 되겠죠.

신부가 준비해야 할 물품에는 결혼식 당일 입을 의상만이 아니라, 결혼 후 몇 년 동안 입을 드레스와 속옷류, 모자, 숄, 구두 등도 포함되어 있었습니다. 앞서 적은 대답 뒤에는 스마트하고 숙녀답게 보이는 신부 의상으로, 심플한 하얀 머슬린(Muslin, 단사를 사용해 평

『영국 부인 가정 잡지』에 묘사된 중산계급의 결혼식 모습. 하얀 웨딩드레스와 베일, 꽃 장식은 빼놓을 수 없습니다(The Englishwoman's Domestic Magazine. New Series Vol. VIII / 1864년판).

직으로 짠 고운 면직물-역자 주) 드레스와 저렴한 튈(Tulle, 미세한 다각형 그물 모양을 한 얇은 천-역자 주)로 만든 베일을 추천하고 있습니다. 그리고 그 드레스를 결혼식 후에 리메이크하는 방법까지 조언하고 있습니다! 또한 결혼 후에는 사용할 기회가 거의 없는 베일이 아니라, 하얀 보닛(Bonnet, 아이, 여성용으로 뒤에서부터 머리 전체를 싸듯이 가리고 얼굴과 이마만 드러내는 모자-역자 주)을 선택하는 중산계급 신부도 늘어나고 있다는 점도 전해주고 있습니다.

이상과 현실을 타협한다…. 이것은 빅토리아 시대도, 지금 시대도 별로 다르지 않습니다. 이저벨라는 하얀 비단 웨딩드레스를 입었지만, 베일이 아니라 하얀 보닛 차림으로 피로연에 임했습니다.

빅토리아 여왕과 앨버트 공의 결혼반지 교환 순간을 그린 그림(Reign of Queen Victoria / 1840년판).

이처럼 결혼식 준비를 통해 여성들은 자신의 부모가 감당할 수 있는 준비금, 그리고 결혼 상대의 수입 등을 고려해서 처지에 맞는 경제 관념을 익히게 되었을 겁니다.

약혼반지

보석이 달린 약혼반지와 금으로 된 결혼반지 2개를 신부에게 보내는 관습도 빅토리아 시대에 확립되었습니다. 빅토리아 여왕은 약혼반지로 에메랄드가 달린 '스네이크 링'을 선택했습니다. 뱀에는 영원을 상징하는 의미가 있으며, 이 반지도 여왕의 영향으로 크게 유행했습니다. 그리고 빅토리아 여왕이 가장 사랑하는 남편 앨버트 공에게 가장 먼저 선물받은 브로치에 쓰인 블루 사파이어도 약혼반지용 보석으로 인기를 끌게 되었습니다.

Something Four

현재에도 전해지는 'Something Four(현재는 '결혼식 날 지니고 있으면 행복한 결혼 생활을 하게 해준다는 네 가지 물건'이라는 뜻으로 쓰임-역자 주)'라 불리는 관습도 빅토리아 시대에 비롯되었습니다. 영국의 전래동요 (마더구스, Mother Goose) 가사 중에도 결혼식을 할 때는 '무언가 하나 낡은 것, 무언가 하나 새로운 것, 무언가 하나 빌린 것, 무언가 하나 파란 것, 그리고 구두 속에는 6펜스 은화를'이라는 것이 있습니다. 당시의 결혼은 일족의 번영을 상징하는 행사였기에, 마더구스 가사 도 신부의 아버지 입장에서 해석되었습니다. '무언가 하나 낡은 것 (Something old)'은 신부 집안 역사의 증거로서 낡은 것을, '무언가 하나 새로운 것(Something new)'은 신부 아버지가 준비한 새로운 물품 을, '무언가 하나 빌린 것(Something borrowed)'은 행복한 결혼을 한 친척이나 지인 등 선배 부부처럼 행복할 수 있도록 그분들에게서 빌린 것을, '무언가 하나 파란 것(Something blue)'은 기독교에서 순결을 나타내는 파란 물품을 의미하며, 결혼으로 양 가문이 맺어지고 신부의 본가가 더욱 윤택해지기를 바라는 마음에서 점차 관습으로 굳어졌습니다. 하지만 현재는 신부 자신의 행복을 바라는 의미로 해석되고 있습니다.

웨딩 케이크

피로연의 모습은 과연 어땠을까요. 빅토리아 여왕의 피로연에서는 직경 90cm, 높이 30cm, 무게 300파운드(약 135kg)의 웨딩 케이크가 두 개 준비되었습니다. 아이싱 처리된 케이크 위에는 남편 앨버트 공의 출신국인 독일과 영국 국기, 신혼 커플의 피규어와 결혼 생활의 복의 상징인 멧비둘기와 애견 등을 마지팬(Marzipan, 설탕과 아몬드를 갈아 만든 페이스트-역자 주)으로 만들어 장식했고, 사이드에는 조화 장미와 갈런드(Garland, 꽃을 여러 가지 장식 재료들과 함께 엮어서 만든 장식품-역자 주)가 장식되어 있었던 모양입니다.

하지만 1단 케이크라 먼 곳에 있는 사람들에게는 보이지 않았기에, 여왕은 왕자나 왕녀의 결혼식 때는 웨딩 케이크를 몇 단으로 쌓아올리도록 지시했다고 합니다.

이저벨라의 가정서에도 1753번에 그러한 여왕의 피로연의 영향을 받은 것으로 보이는 '리치 브라이드 케이크(50페이지 참조)'라는 이름의 웨딩 케이크 레시피가 있습니다. 커다란 과일 케이크에 아몬

BRIDE CAKE.

로열패밀리의 영향으로 크게 유행한 아이싱(Icing, 케이크나 쿠키 등에 마무리 재료인 버터크림, 휘핑크림 등을 바르는 것-역자 주) 처리된 웨딩 케이크. 화려한 케이크는 사람들의 눈길을 끌었겠죠(Mrs. Beeton's Book of Household Management / 1888년판).

드로 아이싱 처리한 것으로, 단수는 1단입니다.

당시의 케이크는 가정에서 준비하는 것이었습니다. 전임 파티셰를 고용했던 상류계급은 달랐지만, 중산계급 가정에서는 하인들만이 아니라 신부 자신도 협력해 온 가족이 모여 케이크를 만든 것으로 보입니다. 이저벨라는 '이런 타입의 커다란 케이크를 구울 때는 오븐 온도에 특히 더 주의를 기울여야 합니다'라고 주의를 주었습니다.

참고로, 케이크 커팅은 원래 신부의 역할이었지만, 아이싱이 굉장히 단단했기 때문에 나이프 날이 잘 들어가지 않았던 모양입니다. 나이프가 순조롭게 들어가면 박수갈채를 받았지만, 자연스럽게 신랑이 도와주게 되면서 오늘날의 형태로 정착했다고 합니다.

1880년대를 지나면, 중산계급을 대상으로 한 여성 잡지에 웨딩 케이크를 전문으로 취급하는 케이크 가게 광고가 빈번하게 나타납니다. 이것은 제과점이 만드는 웨딩 케이크가 상업 베이스에 올라섰음을 나타냅니다.

이저벨라 스타일 1753번 리치 브라이드 케이크

재료

가루가 고운 소맥분 5파운드, 프레시 버터 3파운드, 커런트(Currant, 케이크 등에 넣는 알이 잔 건포도-역자 주) 5파운드, 체로 친 설탕 2파운드, 육두구(Nutmeg) 2개, 메이스(Mace, 육두구 가종피 가루-역자 주) 1/4파운드, 클로브(Clobe, 향신료의 일종-역자 주) 1/4파운드, 계란 16개, 스위트 아몬드 1파운드, 시트론 설탕 절임 1/2파운드, 오렌지 필(오렌지 껍질-역자 주) 설탕 절임과 레몬 필 각 1/2파운드, 와인 1/4 파인트, 브랜디 1/4파인트

(1파운드는 약 453g, 1파인트는 약 473mL)

만드는 법

최대한 가늘고 고운 소맥분을 사용해 잘 건조시켜 체로 칩시다. 커런트를 세척해 불 앞에서 건조시킵니다. 설탕은 체로 치고, 육두구는 갈아줍니다. 향신료들도 잘게 만들어둡시다.

계란은 흰자와 노른자를 분리하고, 각각을 거품기로 잘 저어둡니다. 아몬드에 오렌지 플라워 워터를 더하고, 설탕에 절인 오렌지 껍질은 슬라이스해둡니다.

버터를 크림 싱태가 될 때까지 저어주고, 설탕을 넣고 거품이 생긴 계란 흰자와 합쳐서 잘 섞어줍니다. 다음으로 노른자를 더해 10분 정도 잘 저어 섞어줍니다. 소맥분과 육두구, 메이스, 클로브를 더해 최소한 30분 이상 긴 시간을 들여 섞어줍니다. 여기에 커런트와 아몬드와 맥주, 와인과 브랜디를 넣습니다.

버터를 칠한 종이를 바닥에 깐 둥근 모양의 틀에 반죽을 붓고, 재빨리 오븐에 넣어 굽습니다. 타지 않도록 주의하세요. 타는 걸 방지하기 위해 케이크 위를 시트로 덮어두는 것도 좋습니다. 안까지 잘 구워졌는지 확인하기 위해 나이프를 케이크 한가운데에 꽂아서 칼날에 반죽이 들러붙는지 아닌지를 잘 보고 확인합시다. 이런 케이크는 이후에 아몬드 아이싱을 두껍게 덮고 그 위에 다시 설탕 아이싱을 장식하는 것이 보통이지만, 너무 과하지 않도록 주의합시다. 이런 작업들은 케이크가 적정 온도가 된 후에 하도록 합시다.

웨딩 브렉퍼스트를 묘사한 그림. 가족과의 앳 홈 피로연인 모양입니다(The Health of The Bride, Black and White / 1892년 10월 22일).

웨딩 브렉퍼스트

　결혼 피로연은 '웨딩 브렉퍼스트'라 불렸습니다. 『비튼의 가정서』 초판본에는 웨딩 브렉퍼스트용으로 추천하는 파티 메뉴가 70~80인 분의 내용으로 되어 있으며, 당시에는 웨딩 브렉퍼스트가 많은 사람들을 초대해 성대하게 치러졌음을 엿볼 수 있습니다.

　『비튼의 가정서』 1888년판의 3003번에 '웨딩 브렉퍼스트'라는 항목이 확실하게 존재합니다. 호텔 등에서 하는 대인원 파티를 연상시키는 현재의 피로연에 가까운 내용의 메뉴로 이루어져 있으며,

'웨딩 브렉퍼스트'라는 제목이 붙은 그림. 연회장은 호텔일까요. 얼마나 훌륭한 진수성찬이 서비스되었을까요(Huntley Palmers Biscuits / 1879년판).

케이크만이라도 10개 이상을 준비하라고 적혀 있습니다.

이저벨라 자신의 웨딩 브렉퍼스트는 이러했습니다. 초대받은 사람들은 대기실에서 샴페인을 즐긴 후에, 연회장에 들어가 훌륭한 요리와 양아버지인 헨리가 준비한 고급 와인을 즐겼습니다. 어찌나 호화롭고 훌륭했는지, 가족들 사이에서도 오래오래 회자된 모양입니다.

웨딩 브렉퍼스트 접대는 현재도 왕실 등에 계승되고 있습니다. 2011년 케임브리지 공작 윌리엄 왕자(1982~)와 캐서린 엘리자베스

미들턴(1982~)의 웨딩 브렉퍼스트는 조모인 엘리자베스 II세(1926~)의 주최로 열렸으며, 애피타이저가 8종류, 메인 요리가 6종류, 디저트 메뉴가 8종류나 준비된 호화로운 것이었다고 합니다.

그리고 식사 마지막에는 전통적인 웨딩 케이크와 신랑이 희망한 초콜릿 케이크를 대접했습니다. 또한 이 결혼을 기념하는 의미로 영국의 포트넘&메이슨(Fortnum & Mason)사는 '웨딩 브렉퍼스트'라는 이름의 홍차도 판매했습니다. 이 블렌드 티에는 왕자가 캐서린 왕비에게 프러포즈를 했던 장소인 케냐의 찻잎이 사용되었습니다.

웨딩 티

『비튼의 가정서』 1888년판에는, 어지간히 '식사'를 중요하게 생각하는 프랑스인 같은 사고방식을 지닌 가정이 아니라면, 최근 중산계급 피로연에서 인기 있는 것은 간단한 음식을 대접하는 '웨딩 티'라고 적혀 있습니다. 웨딩 브렉퍼스트에 비해 경제적인 면에서도 지지를 받은 모양입니다. 같은 책의 3202번에 소개된 웨딩 티 60인분의 결혼 피로연 메뉴를 보도록 합시다.

메뉴는 여름과 겨울용 두 가지가 게재되어 있습니다. 여름 샌드위치 재료는 '연어', '오이', '치킨·햄', '샐러드'였고, 겨울용은 '푸아그라', '지비에(Gibier, 사냥으로 잡은 동물 고기-역자 주)', '캐비어', '칠면조·우설' 등 식재료가 달라지지만, 양쪽 다 고급 재료가 사용되었습니다. '웨

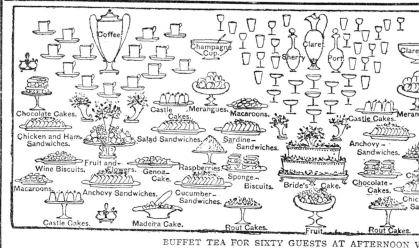

BUFFET TEA FOR SIXTY GUESTS AT AFTERNOON V

Menus for Wedding Teas.

No. 1.—SUMMER.

Salmon Sandwiches.	Strawberries.	Foie-gras Sand
Cucumber Sandwiches.	Grapes. Cherries.	Game Sandw
Chicken and Ham Sandwiches.	—	Caviare Sand
Salad Sandwiches.	Ices of two kinds.	Turkey & Tongue S
—	Various Wines.	—
Wedding Cake.	Claret Cup.	Wedding C
Small Rout Cakes.	Champagne Cup.	Pastry Sand
Fancy Cakes. Ratafias.	Tea. Coffee.	Madeira C

```
Tea.

Sponge Biscuits.

Sardine Sandwiches.

Fruit and
    Flowers.
            Wine Biscuits.

Salad Sandwiches.        Macaroons.

akes.       Castle Cakes.
```

WINTER.

Macaroons.
Rout Cakes.
Grapes.

———

Port.   Sherry.
Champagne.
Liqueur.
Tea.   Coffee.

이저벨라 스타일 2501번   마데이라 케이크

(1888년판)

재 료   버터 1파운드, 소맥분 1과 1/2파운 드, 고운 설탕 3/4파운드, 잘게 간 레몬 1개, 필 설탕 절임 2온스, 계 란 9개

만드는 법   버터를 크림 형태가 될 때까지 잘 섞어줍니다. 여기에 설탕과 소맥 분을 체로 쳐서 넣고 잘 섞습니다. 계란을 풀어 잘 섞은 다음, 잘게 간 레몬을 넣고 섞습니다. 버터를 칠 한 틀에 반죽을 붓고, 마지막으로 필 슬라이스를 맨 위에 장식하고, 고온 오븐에 넣어 1시간 30분~2 시간 정도 구워줍니다.

(Madeira Cake, 케이크 표면이나 사이에 아무것도 들어 있지 않은 플레인 케이크-역자 주)

『비튼의 가정서』에 실려 있는 60인분 웨딩 티 메뉴. 간 단한 식사라지만 메뉴 수가 상당히 많습니다(Mrs. Beeton's Book of Household Management / 1888년판).

딩 케이크'는 물론이고, 현재도 대표적인 영국 과자로 알려진 '마데이라 케이크'도 등장합니다. 음료도 알코올 종류가 계절에 따라 달라집니다. 그리고 당연히 홍차, 커피도 준비되어 있었습니다.

전통적인 웨딩 브렉퍼스트 메뉴가 애피타이저, 메인에 고기 요리나 생선 요리 등 수십 종류의 요리를 만드는 데 비해, 웨딩 티 메뉴는 어디까지나 간단한 식사입니다. 미리 만들어둘 수 있는 메뉴로 구성되었고, 경제적으로도 가격이 저렴한 웨딩 티 메뉴는 아이들의 세례 의식 후의 파티에도 활용되었는데, 장소는 호텔 아니면 부모님의 집인 경우가 많았던 모양입니다.

『비튼의 가정서』에는 다른 스타일의 웨딩 티도 소개되어 있습니다. 그것은 주로 신혼 커플의 신혼집에서 쓰였습니다. '가정 초대회(앳 홈, 106페이지 참조)'와 비슷한 분위기라고 설명되어 있습니다. 가정 초대회란 오픈 하우스 비슷한 것으로, 지정된 날짜에 손님이 자유로이 신랑·신부에게 인사를 하러 옵니다. 손님이 많이 오기 때문에, 한 사람의 방문시간은 짧았던 모양입니다. 보통 가정 초대회보다 더 고급인 간단한 음식이 준비되었고, 신부는 웨딩 케이크를 잘라서 손님들에게 행복을 나누어준 모양입니다.

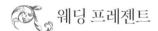 웨딩 프레젠트

신혼 커플에게 보낸 수많은 호화로운 선물들이 게스트들의 눈길

을 끌었다고 기록되어 있는 이저벨라 자신의 결혼 피로연. 웨딩 프레젠트 관습은 1850년경부터 시작되었습니다. 빅토리아 여왕의 왕자나 왕녀들이 결혼할 때는 어느 브랜드의 어느 상품을 선물에 사용했는지가 신문과 잡지에도 자세하게 소개되었고, 사람들 사이에서 화제가 되었습니다.

중산계급의 웨딩 프레젠트로 전통적으로 선호되었던 것이 파티에서 사용할 수 있는 부채나 머리 장식, 신혼 생활에서 사용할 수 있는 은제 식기나 고급 잔, 도자기 제품이었습니다. 이저벨라도 순은제 찻주전자와 토스트랙(Toast Lack)을 선물받았습니다.

웨딩 프레젠트는 결혼식 전부터 신부의 자택에 도착합니다. 프레젠트를 방에 진열하고 친척이나 지인들에게 보여주는 가정도 있었습니다(The Illustrated Sporting and Dramatic News / 1883년 2월 10일).

신부 집에 도착한 웨딩 프레젠트를 할머니로 보이는 여성이 음미하고 있습니다. 테이블 위에는 가정서로 보이는 두꺼운 책도 있습니다(Wedding Presents / 1880년판).

순은제 찻수전자에는 'S. I. B(Samuel and Isabella Beeton)'라는 각인이 새겨져 있었습니다. 참고로 양아버지 헨리는 그녀에게 무척 비싼 '하얀 피아노'를 선물했는데, 이것은 그때까지는 없었던 타입의 선물이었기 때문에 이런 형식 파괴에 대한 찬반 양론으로 시끄러웠다고 합니다. 중산계급 중에도 연 수입이 적고 요리사를 고용하기 곤란한 집안의 신부에게는 『비튼의 가정서』 같은 실용적인 서적을 선물하는 경우도 많았던 모양입니다.

허니문

피로연을 마친 신혼 커플은 허니문을 떠납니다. 이 허니문 사정도 빅토리아 시대에 크게 변했습니다. 원래 허니문은 결혼식에 참석하지 못한 친척들을 방문하는 것을 목적으로 시작됐기 때문에, 대부분 신랑이나 신부의 형제자매 그리고 모친을 동반했습니다. 허니문이라는 단어도 18세기 후반에 정착된 모양으로, 그때까지는 브라이덜 트립(Bridal Trip), 브라이덜 투어(Bridal Tour) 등으로 불렀습니다.

허니문이 오늘날처럼 신혼 커플 두 사람만의 여행으로 변한 것은 철도가 보급되면서 이동이 편해진 데다 여비도 싸졌기 때문입니다. 인기 스팟으로는 왕후귀족의 휴양지로 이름이 알려진 온천지역 배스(Bath), 해변의 리조트인 브라이턴(Brighton)이 꼽혔고, 지방에 사는 사람들은 런던을 선호했습니다. 여행 일수는 당시의 소설 등을 보면 10일 전후가 일반적이었던 모양입니다.

 '허니문'이라는 제목이 붙은 일러스트. 이 커플은 아무래도 크게 싸운 이후인 듯한데, 바닥에는 깨진 식기 파편이 흩어져 있습니다. 남편이 달콤한 말을 속삭이며 부인을 달래는 모양입니다(The Illustrated Sporting and Dramatic News / 1882년 10월 19일).

　물론 해외로 떠나는 부부도 있었습니다. 이저벨라는 허니문 여행지로 남프랑스와 독일을 선택했고, 자신이 유학했던 하이델베르크에도 들렀습니다. 새뮤얼이 말하길, 그것은 마치 '대륙 레이스'처럼 욕심 많고 엄청나게 바쁜 여행이었던 듯합니다. 훗날 두 사람은 이 여행 때 보고 들었던 것도 일에 활용했습니다. 젊음으로 가득하고, 프랑스어와 독일어가 특기였던 이저벨라다운 허니문이었다고 할 수 있겠죠.

　참고로 상류계급의 허니문은 전통을 따라서, 친밀한 지인의 컨트

호숫가에서 차를 즐기면서 느긋한 시간을 보내는 신혼 커플(1896년판).

리 하우스를 방문하거나, 복수의 영지를 지닌 가문에서는 멀리 있는 영지를 방문하는 것 등이 주류를 이루었으며, 커플 두 사람만이 아니라 가족이 동행하는 경우도 많았던 모양입니다.

베드 티(얼리 모닝 티)

허니문에서 신부가 처음으로 체험하는 것이 '베드 티(Bed Tea)' 또는 '얼리 모닝 티(Early Morning Tea)'라 불리는, 남편이 부인에게 해주는 홍차 서비스입니다. 아직 침대에서 잠들어 있는 부인 곁으로 남편이 사랑을 담아 홍차를 곁들인 조식을 가져오는 것입니다. 베드 티 전용 트레이나 테이블도 판매되고 있다는 점은 놀랍습니다.

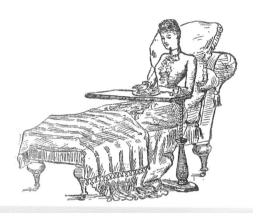

 침대에서 티타임을 즐길 때 있으면 편리했던 테이블. 『비튼의 가정서』에도 편리성이 소개되어 있습니다(Mrs. Beeton's Book of Household Management / 1888년 판).

베드 티는 원래 상류계급의 기혼 여성이 방 시중을 담당하는 메이드에게 조식을 방으로 가져오게 하던 관습을 모방한 것입니다. 영국에서 100만 명 이상이 시청한 대인기 드라마 《다운튼 애비(Downton Abbey)》의 시즌 1에도 백작 부인이 메이드에게 홍차를 곁들인 조식을 가져오게 하는 장면이 있었습니다.

부부의 사이가 좋은 가정에서는 허니문 후에도 부인의 생일이나 주말 등에 베드 티를 차려주기도 했습니다. 물론 중산계급에서도 상위에 속하는 가정은 하인에게 그 역할을 하게 하는 경우도 있었습니다. 이때는 일가의 주인도 베드 티의 대상이 되었습니다. 아서 코넌 도일(Arthur Conan Doyle, 1859~1930)의 저서 『셜록 홈즈(Sherlock

Holmes)』시리즈 중 『장기 입원 환자(The Resident Patient)』(1893년)에도 이런 습관을 지닌 인물이 등장합니다. 자살한 남성을 언제 발견했는지를 묻는 홈즈에게 발견자가 이렇게 말합니다. "그 사람은 매일 아침 일찍 홍차를 가져오게 하는 것이 습관이었는데요, 오늘 아침 7시에 하녀가 가져가보니 방 한가운데에 매달려 있었습니다. 무거운 램프를 거는 못에 줄을 걸고, 어제 보셨던 금고 위에서 뛰어내린 겁니다."

베드 티의 관습은 빅토리아 시대에 영국 식민지 지배를 받았던 나라에도 전해져서 현재 인도나 스리랑카 호텔에서도 잠을 깨우는 한잔 서비스가 정착되었습니다.

자, 신혼 여행에서 돌아온 두 사람은 드디어 새로운 집에서 생활하기 시작합니다.

제3장
새로운 생활

여주인이라는 명예를 손에 넣은 여성들의
다음 관심사는 새 집과 인테리어, 식기ㅡ.
하지만 즐거운 일만 있는 것은 아니고,
하인들과의 복잡한 관계도 기다리고 있었습니다!
모든 것을 처음 해보는 그녀들의 새로운 생활이란ㅡ.

주택 스타일

빅토리아 시대에 신혼집은 남성 쪽에서 준비하는 경우가 많았던 모양입니다. 제2장에서 소개했던 『비튼의 가정서』를 편집한 이저벨라의 경우도 남편 새뮤얼이 결혼 전에 신혼집을 빌렸습니다. 두 사람의 신혼집은 런던 교외의 신흥 주택지 피너에 있었습니다. 그곳은 이저벨라 같은 신혼 커플도 많이 살았던 지역입니다. 부부의 신혼집은 임대 물건으로 '세미 디태치드 하우스'라 불리는 1840년경부터 유행한 스타일이었습니다. 이저벨라의 가정서에 의하면, 빅토리아 시대에 집을 구입하는 경우는 드물었고, 대부분의 사람들이 임대주택에서 살았습니다.

세미 디태치드 하우스는 한 건물을 좌우로 분할해 두 가구가 살 수 있도록 한 건물로, 최소 규모의 집합주택이라고도 할 수 있습니다.

외관은 거의 단독주택에 가까우며, 정면 외관은 좌우 대칭으로 되어 있습니다.

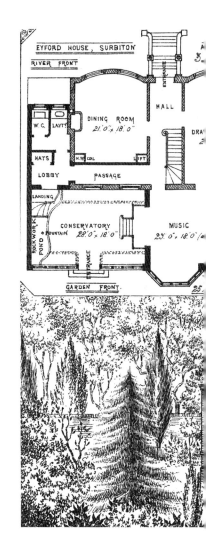

중산계급의 동경의 대상이었던 한 건물을 통째로 쓰는 단독주택 디태치드 하우스. 거실 외에도 음악 전용방, 온실까지 설치되어 있는 대형 주택입니다 (The Architect / 1890년 2월 21일).

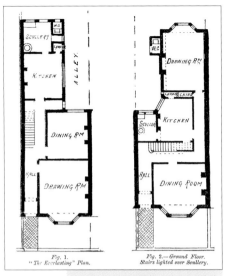

도심의 테라스 하우스 배치도. 부엌, 식당, 거실은 같은 플로어에 배치된 경우가 많았던 모양입니다(The Builder / 1890년 3월 31일).

단독주택에 살고 싶지만 그럴 정도의 돈은 없는 중산계급 사람들은 비교적 저렴한 가격으로 단독주택 같은 집에 살 수 있다는 이유로 인기를 끌었습니다.

당시 영국에 있던 다른 주택 스타일을 설명하겠습니다. 도시 쪽에서 인기 있었던 것은 상류계급을 위한 '맨션 플랫(Mansion Flat)', 중산계급을 위한 '테라스 하우스(Terrace House)'라 불리는 맨션 타입 주택이었습니다. 일본의 연립주택에 해당하는 집합주택입니다만, 하나의 집이 건물 지하부터 최상층까지 세로로 긴 스타일이며, 이것들이 가로로 연속되는 대형 주택입니다.

작은 2층 건물 주거지가 이어지는 '플랫'은 노동자계급을 위한 주택으로 보급되었습니다. 그리고 단독주택인 '디태치드 하우스', 이쪽은 비교적 교외에 있는 대형 주택이었습니다. 디태치드 하우스를 작게 만든 것이 바로 외관은 디태치드 하우스이지만 내부는 두 가구가 사는 주택인 '세미 디태치드 하우스'입니다. 주택의 외관, 내부 구조의 특징에 대한 것은 옆 페이지에 당시의 부동산 광고를 게재해두었으니 참조해주십시오.

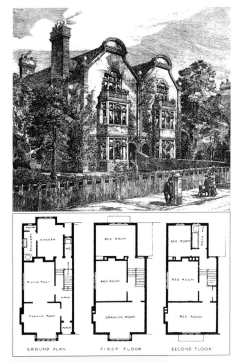

새 집 고르기 포인트

『비튼의 가정서』에서 이저벨라는 집을 고를 때의 포인트로 '환경'을 고려할 필요가 있다고 적었습니다. 집의 방향은 햇빛이 잘 드는 남향이나 남서향을 고르도록 권하고 있지만, 빅토리아 시대의 영국에서는 북향을 희망하는 사람도 많았습니다. 고가의 커튼이나 가구가 햇빛으로 상하는 일을 방지하기 위함이었습니다. 에드워드 모건 포스터(Edward Morgan Forster, 1879~1970)의 소설 『전망 좋은 방(A Room With a View)』(1908년)에도 이런 대목이 나옵니다.

이저벨라의 신혼집과 동일한 세미 디태치드 하우스의 부동산 광고. 지붕이나 창에 당시 유행하던 빅토리안 고딕 양식이 도입되었습니다. 햇살이 들어오는 조식 전용 방, 거실, 식당, 그리고 5개의 침실이 있는 아주 훌륭한 주택입니다 (The Building News / 1881년 9월 9일).

커튼이 둘로 나뉘었다. 세실이 처음으로 띄운 표정은 초조함이었다. 가구를 오래 유지하기 위해 집 안을 어둡게 하는 허니처치 가문의 습관은 세실에게는 참을 수가 없는 것이었다. 그는 본능적으로 커튼을 아슬아슬할 때까지 밀어젖혀, 커틈이 그대로 매달려 흔들리게 했다. 빛이 들어왔다.

또한 공업지대에 사는 경우에는 공장의 매연이 생활의 쾌적함과 가족의 건강에 크게 관련이 있었기 때문에 신중하게 알아볼 필요가 있었습니다. 상업 거래가 벌어지는 거리 중심부에 집을 빌릴 경우에는 소음을 고려해야만 한다고 적혀 있습니다.

그리고 새 집을 고를 때는 배수와 배기시설이 얼마나 좋고 나쁜지를 조사할 필요가 있음을 강조하고 있습니다. 그중에서도 '물은 말라리아, 설사병, 발열, 콜레라 감염의 요인이기에 특히 더 중요하게 생각해야 한다…'고 적혀 있습니다. 당시 중산계급이 사는 주택의 대부분은 수도가 설치되어 있어서 수도꼭지를 돌리면 물이 나왔습니다. 하지만 이 물이 오염되어 있다면 큰일입니다. 이사하기 전에 물에 대해 조사하는 것은 절대로 호들갑을 떠는 것이 아님을 이저벨라는 독자에게 호소했습니다.

가구는 '거주자의 수입의 8분의 1을 넘어서는 안 된다'고 주장했습니다. 부자였던 양아버지 아래에서 자랐음에도 이저벨라의 경제관념은 무척 엄격했습니다. 그녀의 이런 사고방식은 분수에 맞지 않는 주택을 꿈꾸는 젊은 여성들에게 현실을 가르쳐주었습니다.

가구만이 아니라 집주인과의 인간관계, 설비 부족 등 임대 물건을 둘러싼 트러블은 오늘날과 마찬가지입니다. 가정서의 법률 항목에는 임대 물건과 관련된 분쟁 해결책에 대한 변호사의 의견도 소개되어 있습니다.

정원사와 함께 정원을 부지런히 가꾸는 여주인. 아름다운 정원은 가정의 여유를 나타내는 것이었습니다(Garden Work in June-Bedding out / The Graphic / 1870년 6월 4일).

이사 인사

염원하던 새 집으로 이사한 후에 처음으로 해야 할 일, 그것은 이웃 주민들과의 커뮤니케이션이었습니다. 이저벨라는 '이웃과의 교제는 무척 중요한 일이며, 그것은 일가의 여주인의 책무이다'라고 적었습니다. 일본에서는 이사하면 이웃에 인사를 하는 관습이 있지만, 빅토리아 시대의 관습으로 보면 해서는 안 되는 일이었습니다.

스스로 먼저 인사하러 가는 것은 상대방의 의향을 무시한 행위로 여겨졌던 겁니다. 인사는 어디까지나 그곳에 오래 살았던 이웃 주민이 하는 것으로, 저쪽에서 '인사하고 싶다고 생각하는 인물이 되는 것'이 중요했습니다.

그리고 이저벨라의 책에는 '상대방이 인사하러 온다면 이쪽도 예의를 지켜 일주일 이내에 상대방의 집을 방문해야 하며, 만약 예의를 지키지 않는다면 그 후의 교제는 절망적일 것이다…'라고 기록되어 있습니다.

소개장

그럼 상대방이 방문하기를 기다리는 것만으로 괜찮은 걸까요. 아무도 찾아오지 않을 가능성도 있습니다. 이저벨라는 여기서 '소개장' 활용을 권하고 있습니다. '양친이나 친척, 신뢰할 수 있는 친구가 이사한 지역에 지인이 있을 경우, 자신의 신분을 보장해주는 소개장을 부탁하면 좋을 겁니다'라고 말입니다.

그 소개장과 자신의 명함을 동봉해 가르쳐준 주소로 보내면, 어지간히 문제가 있는 경우가 아니라면 2~3일 안에 이웃이 방문한다는 것입니다.

참고로, 만약 누군가가 자신에게 소개장을 써달라고 부탁했을 때는 '봉인하지 말고 넘겨줘야 한다'고 이저벨라의 책에 적혀 있습니다. 소개장을 부탁한 사람은 자신을 어떻게 소개했는지가 신경이 쓰일 것이기 때문에, 읽어도 괜찮다는 것을 암묵적으로 전달하기 위함입니다.

자신에게 누군가의 소개장과 명함이 도착한 경우에는, 소개장을 쓴 인물에게 '소개장을 받은 것', '가능한 한 빨리 그 집을 방문하도록 노력하겠다는 것'을 확실하게 보고하라고 어드바이스하고 있습니다. 이런 작은 예의가 쌓이고 쌓이면서, 빅토리아 시대의 지역 커뮤니케이션을 원활하게 만들었습니다.

프런트 가든

빅토리아 시대의 사람들은 이웃 주민에게 좋은 인상을 주기 위해 집 앞의 '프런트 가든' 손질에 힘을 쏟았습니다. 영국의 전형적인 주거지에는 '프런트 가든(Front Garden)'과 '백야드(Backyard)'라 불리는 2개의 정원이 있습니다.

바깥에서는 보이지 않는 정원인 백야드는 주로 가족이나 친한 친구가 느긋하게 시간을 보내는 곳이고, 과일이나 채소 등을 재배하는 것이 목적인 데 비해 프런트 가든은 집의 얼굴에 해당하는 위치에 있기에 이웃 주거와 밸런스를 고려해 거리의 경관을 채색하는 공공의 정원으로 여겨졌습니다.

가구 광고. 빅토리아 시대의 가구는 대나무나 등나무 같은 동양 소재를 사용하는 경우도 많았고, 개성적인 것들이 많았습니다. 스리 티어즈라 불리는 3단 스탠드(왼쪽 위)도 판매되었습니다(The Illustrated London News / 1894년 12월 1일).

그렇기 때문에 프런트 가든 손질을 게을리하면 '칠칠치 못한 사람이 산다'는 인상을 갖게 할 우려가 있었습니다. 이저벨라는 정원사를 고용했으므로 이 정원사기 집안의 제면을 지키기 위해 아름다운 프런트 가든을 만들었을 겁니다. 그녀의 의붓동생의 말에 따르면, 이저벨라는 이 프런트 가든에 '진달래'를 심는 방식에 대해 정원사와 상담했던 모양입니다.

또 출창(出窓, 벽면보다 밖으로 튀어나오게 만든 창문-역자 주)의 디스플레이를 밖에서 봤을 때 아름다워 보이도록 정리하는 것도 '여주인의 센스'나 '여유 있는 생활을 하고 있다는 것'을 어필하는 데 도움이 되었습니다. 이러한 꾸준한 노력이 상대방이 먼저 인사하는 것과 연결되었던 거겠죠. '현관은 집의 얼굴'이라 여기는 일본인의 감각과

신문에 실린 가구 광고. 가구 선택은 여주인의 센스를 나타내는 것이었기에 다들 진지했습니다(The Graphic, 1880년 7월 17일).

비슷한 생각일지도 모릅니다.

빅토리안 인테리어

언제 누가 찾아와도 부끄럽지 않도록, 집 안을 정리하는 것도 한 가정의 주부가 맡은 책무였습니다. 여주인의 취향을 반영하지만 너무 화려하지 않아야 하며, 편안한 공간을 만들어야 했습니다. 신혼 여성들은 주거 공간의 벽지 등을 자신의 취향대로 바꾸고, 마음에 드는 가구를 구입하길 원했습니다. 당시 신문에는 매일 유행하는 가구 광고가 실렸습니다. 이저벨라는 어머니가 좋아하시던 가구점에서 가구를 구입했고, 실내는 베이지색을 기조로 코디네이트를 했으며, 식당에도 화려한 벽지를 붙였던 모양입니다.

당시 중산계급이 좋아하던 인테리어는 현대에도 '빅토리안 인테리어'로 계승되었습니다. 간단히 말하자면, 빅토리안 인테리어는 '믹스 양식'이라 할 수 있습니다.

중세의 수공예를 이용한 '빅토리안 고딕'으로 장식된 실내(The Building News / 1876년 11월 17일).

상류계급의 저택 인테리어는 방 하나마다 양식이 통일되어 있었습니다. 현관은 저택이 세워진 시대인 자코비안 양식(Jacobean Style), 응접실인 거실은 퀸 앤 양식(Queen Anne Style)… 이런 식으로 내장(內裝), 가구, 평소 사용하는 도구 등도 전부 같은 양식으로 통일하는 것이 기본입니다. 토지가 있기에, 방을 새로 꾸미지 않아도 증축이라는 방법으로 새로운 양식을 집어넣을 수 있는 상류계급이기에 가능한 완벽한 방법입니다.

하지만 중산계급 사람들은 도저히 이런 방법을 쓸 수가 없습니다. 실내를 완전히 리폼하지 않으면 다른 분위기의 방을 만들 수가 없었습니다. 그것도 한정된 좁은 토지 안에서 말입니다. 그렇기에 실내에는 다른 양식의 가구나 도구들이 혼재되는 경우가 보통이었

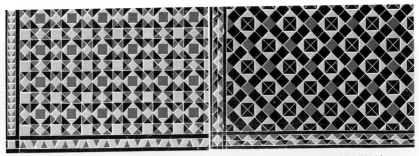

민턴(Minton)사의 타일은 빅토리아 시대 중산계급이 동경하던 건축 재료였습니다(1851년판).

습니다.

특히 빅토리아 시대는 수에즈 운하 개통에 의한 이집트의 영향, 자포니슴(Japonisme, 일본의 영향이나 그 풍조를 말함-역자 주) 붐에 의한 일본풍 인테리어의 유행 등으로 해외에서 다양한 영향을 받았던 시대입니다. 게다가 그때까지 교회나 상류계급의 저택에서만 볼 수 있었던 수작업 타일 장식이나 스테인드글라스 등 중세를 대표하는 건축 재료를 산업 기술의 진화로 저렴하게 입수할 수 있게 되어, 이를 이용한 '빅토리안 고딕'의 유행도 시작되었습니다.

다양한 시대, 다양한 나라의 문화가 자연스럽게 혼재하게 되자, 어느 벽지와 어느 가구를 조합할 것인지는 집주인, 특히 여주인의 센스에 달린 문제가 되었습니다. 상류계급에서 보기에는 이상한 조합일지라도, 중산계급에서는 '편안한' 방이 완성되면 그걸로 됐다고 생각했습니다.

마음에 드는 인테리어 공간에서 느긋한 시간을 보내는 여주인(Pictures in
The Fire / The Aldine, The Art Journal of America / 1875년판).

구매 의욕이 높았던 중산계급층은 한정된 공간 속에서 인테리어
에 정열을 쏟았습니다. 주도권을 쥐고 있었던 것은 압도적으로 여주
인이었습니다. 집 안에서 오랜 시간을 보내는 자신이 편안하고, 또
일에 지쳐 돌아온 남편을 치유하는 공간을 만드는 것은 주부에게는
자신의 능력을 발휘할 수 있는 즐거움 중 하나이기도 했습니다.

손님을 초대하는 거실 또는 응접실, 그리고 식당에 이르는 복도
는 여주인이 특히 더 힘을 주었으므로, 점점 더 과하다 싶을 정도로
장식이 많아집니다.

난로는 집의 심볼이었습니다. 맨틀피스(Mantelpiece, 벽돌 따위로 벽에다 만든 난로-역자 주)의 디자인, 주변 장식도 신경을 많이 썼습니다(A Chimney Piece / 1862년판).

당시의 중산계급은 장식되지 않은 심플한 방을 보면 '장식할 돈이 없는 집'이라고 받아들이는 경향이 있었고 서로의 체면도 있어서, 때로는 벽지가 그림이 든 액자로 다 가려져 거의 보이지 않을 정도로 장식되는 경우도 있었습니다.

특히 방의 첫인상을 결정하는 포컬 포인트(Focal Point, 한 공간에서 자연스럽게 눈길이 모아지는 곳-역자 주)인 난로 주변의 장식에는 돈을 들였습니다. 하지만 아직 신혼인 젊은 여성이 완벽한 인테리어 센스를 지니고 있을 것 같지는 않습니다. 아마도 신부의 어머니나 친척, 또는 다양한 집에서 근무한 경험이 있는 하우스메이드의 어드바이스가 있었음이 분명합니다.

차이나 캐비닛

고가의 식기를 진열하고, 인테리어 데커레이션으로 활용할 수 있는 차이나 캐비닛(China Cabinet, 유리문이 달린 식기 진열장)은 손님을 초대하는 방의 가구로서 인기가 있었습니다. 일상용 식기는 부엌에 수납해두고, 마음에 드는 고가의 식기는 인테리어의 일부로 보이도록 차이나 캐비닛에 장식한 겁니다.

이처럼 차이나 캐비닛은 유리세(稅)가 철폐된 1845년 이후 중산계급 가정에 급속도로 보급되었습니다. 여유가 있는 가정에서는 도자기용과 유리용 2개의 캐비닛을 실내에 설치했습니다. 식기를 진열하는 방법도 여주인의 센스가 요구되었습니다. 좌우대칭(Symmetry)으로 배치하는 것이 기본이었지만, 좌우비대칭(Asymmetry)이 특징인 자포니즘 문화의 유행으로 일부러 대칭을 무너뜨리는 진열법도 유행했습니다.

하인 선택 방법

빅토리아 시대의 중산계급 가정에서는 최소한 한 명이라도 하인을 고용하는 것이 보통이었습니다. 만약 경제적인 사정으로 하인을 고용하지 못하고, 집의 얼굴인 현관 앞의 문패를 여주인이 직접 닦게 되어버린다면, 일대에 소문이 퍼져서 그 후에는 이웃들도 경원시하게 되고 맙니다. 그런 사태에 빠진 여주인이 아침 일찍 아직 아무도 밖을 다니지 않을 때 문패를 하인이 닦은 것처럼 너무나도 번쩍번쩍하게 만들어놨더라는 얘기가 우스갯소리로 회자될 정도입니다.

이저벨라도 신혼 초부터 2명의 하우스메이드를 고용했습니다. 하인 고용은 직접 지시하는 여주인의 의향이 중시되었기 때문에 면접도 여주인이 직접 했습니다. 우수한 인재를 고용할 수 있는지는

부엌에서 미리 요리 준비를 하는 하인들(The Graphic Christmas Number / 1873년 12월 25일).

여주인의 기량에 달려 있기도 했습니다. 하인을 소개해주는 등록기관도 있었지만, 그보다 친구나 지인의 소개 쪽이 더 신뢰할 수 있다는 의견이 다수였습니다.

　이저벨라는 '만약 가능하다면 이전 고용주를 직접 만나볼 것을 추천합니다'라고 적었습니다. 이전에 고용했던 집의 계급이나 실내의 모습을 보면 그 하인의 능력을 추측할 수 있기 때문입니다. 만약 이전의 고용주와 운 좋게 만날 수 있게 된다면, 하인에게 가장 중요한 '정직함'과 '도덕감'에 관한 것을 물어보라고도 적혀 있습니다.

　빅토리아 왕조 시대에는 부엌의 식재료 등 가계 관리는 하인에게 맡기는 경우가 태반이었기 때문에, 금전 관리 면에서 신용할 수 있는지가 무척 중요한 고용 조건이었습니다. 이런 문제가 없다면, 계속해서 다른 적성 등도 확인해나갑니다.

'추천장'을 가지고 면접을 보러 온 하인을 심사하는 여주인. 이 하인은 고용되었을까요(The Letter of Recommendation / Chares Baugniet / 1899년 / 1903년판).

찰스 디킨스(Charles John Huffam Dickens)의 소설 『데이비드 코퍼필드(David Copperfield)』의 한 장면. 주인공이 나중에 부인이 되는 사랑스러운 도라와 만나는 장면. 이 커플은 유치한 데다 트러블이 많은 신혼 생활을 보내게 됩니다(Dickens's David Copperfield / 1900년판).

찰스 디킨스(1812~1870)가 1849년부터 잡지에 게재했던 장편소설 『데이비드 코퍼필드』의 주인공 데이비드는 연애 끝에 결혼한 어린 부인과의 신혼 생활에서 하인 고용에 실패합니다.

아내 도라는 풍족한 집안에서 자랐지만, 어머니를 일찍 여의고 아버지는 오냐오냐하면서 키웠습니다. 파리에서 형식적인 신부 수업을 받긴 했지만 가사 능력은 없었습니다. 그들이 처음으로 고용한 하우스메이드는 시간관념이 부족하고 요리도 못해서, 익지도 않은 고기가 나오기도 했습니다. 심지어 범죄자인 종형제를 석탄 저장고에 숨겨주는 불미스러운 일까지 저지릅니다. 주인인 데이비드는 용기를 내서 하우스메이드에게 해고를 선언합니다.

급료를 주자 의외로 순순히 나가서 놀랐지만, 나중에 알아보니 갈색 찻숟가락(집에서 분실한)을 가져간 것은 물론이고, 허락도 없이 주인 이름을 대고 근처의 상인에게서 돈을 빌렸더랍니다.

다음으로 온 하우스메이드는 몸이 약했고, 그다음 하우스메이드는 마음씨는 고왔지만 고가 물품 파손이 잦아서 해고했습니다. 네 번째 하우스메이드는 대담하게도 여주인 도라의 모자를 무단으로 쓰고 시장에 가기까지 합니다. 심지어 무섭게도 술을 좋아하는 하우스메이드를 고용했을 때는, 아내 도라의 이름으로 몰래 술을 구입하기도 합니다.

🌿 하인을 대하는 태도

냉정한 눈으로 하인을 선택하고, 실제로 자신의 집에 고용했다면, 관리를 철저히 해야 합니다. 하인의 부정이나 태만을 눈치 채지 못하면, 상대는 여주인을 우습게 보고, 그것이 행동으로 드러납니다. 이저벨라는 여주인의 마음가짐으로서 '하인에게 지시를 내릴 때는 당황해서 한 번에 많은 일을 시키지 말 것'이라고 말했습니다. 많은 것을 부탁해버리면 하인이 전부를 기억하지 못하고 까먹어버리

세탁 중인 하인. 창문으로 얼굴을 들이민 것은 연인일까요. 하인의 연애는 여주인이 좋아하지 않는 경우도 많았기 때문에, 밀회를 거듭하는 사람도 있었습니다(L'univers Illustre / 1865년판).

며, 결과적으로 혼내는 횟수가 늘어나버리기 때문입니다. '하인이 해야 할 일을 그때마다 세세하게 나누어 알기 쉽게 이해시킨다.' 이 것이 여주인의 의무인 것입니다.

여주인은 항상 여유를 갖고, 너무 으스대지 말 것이며, 자비롭게 하지만 주인으로서 존경하게 만들어야 합니다. 하인에게 누가 주인 인지를 확실하게 할 필요가 있습니다. 앞서 말했던 『데이비드 코퍼 필드』의 젊은 부부는 이런 위엄을 유지하지 못했고, 가정생활을 파멸시켜나가게 됩니다.

　"저기, 도라." 어느 날, 나는 아내에게 이렇게 말했다. "저 메리 앤이라는 애, 시간관념이 있는 걸까?", "무슨 일인데요?" 그녀는 그리던 그림에서 고개를 들어 멍한 표정으로 묻는다. "아니 벌써 다섯 시잖아. 식사는 4시였을 텐데."(중략)

　"좀 세게 말해두는 편이 좋지 않겠어?!", "어머, 안 돼요! 난 못 해요, 도디!", "왜 안 된다는 거지?" 나는 조용히 되물었다. "그렇지만 저는 엄청 바보잖아요. 그리고 그 여자, 그걸 똑똑히 알고 있단 말이에요!"

　(중략)

　"나는 네가 나쁘단 소릴 하는 게 아니야."

　"너는 감독을 하지 않으면 안 되겠구나…. 그래, 정말 그렇고. 즉 나를 위해서도, 그리고 앞으로 너 자신을 위해서도 어떻게든 해야겠어."

　물론 조심한다 해도 불쾌한 하인을 맞아들이는 경우도 있겠죠. 하지만 언젠가 자신이 하인에 대한 추천장을 쓰는 입장이 되었을 때, 감정이 이끄는 대로 하인에 대한 '비난', '험담'을 적는 것은 자신의 덕을 낮추는 일이라고 가정서에 기록되어 있습니다. 여주인은 항상 냉정하고 객관적으로 일을 판단할 것이 요구되었습니다.

차 도구 모으는 법

『비튼의 가정서』에는 신혼집에서 처음으로 필요하게 될 부엌 용품이 실려 있으며, 티 컵이나 차를 끓이기 위한 찻주전자도 포함되어 있습니다.

1888년판의 가정서에는 아침 식사를 할 때 사용하는 식기가 아름다운 일러스트로 소개되어 있습니다. 이저벨라가 추천한 식기 세트는 현재 런던의 빅토리아&앨버트 뮤지엄 영국 부스에 해설을 첨부한 형태로 전시되어 있으며, 방문객들이 빅토리아 시대 중산계급의 식탁을 상상할 수 있도록 도움을 주고 있습니다.

여기서 최초의 접대에 해당하는 차 모임에 필요한 도구를 소개하도록 하겠습니다. 우선 필요한 것은 물을 끓이기 위한 티 케틀(Ket-tle, 바닥이 평평한 주전자-역자 주)입니다. 이 시대에 물을 끓일 수 있는 부엌은 아래층에 있거나, 접대 공간에서 멀리 떨어진 곳에 있는 경우도 많았기에 테이블 위에서 물을 다시 끓일 수 있는 알코올 램프가 달린 티 케틀을 사용했습니다. 손님이 많은 티 파티를 할 때는 미리 끓여둔 홍차를 대량으로 보온해두었다가 손님에게 제공할 수 있는 '티앤(ティーアン)'이라는 차 도구가 활용되었습니다. 이것들은 순은제가 이상적이었지만, 그럴 수가 없는 가정에서는 공업 기술의 약진으로 대량 생산이 가능해진 실버 플레이트(은 도금) 제품을 사용했습니다.

다음으로 필요한 것이 찻주전자입니다. 이쪽은 순은제, 도자기제

BREAKFAST AND TEA CHINA.

4 Tea Cups...2 Bread and Butter Plates...1 Teapot...1 Butter Dish...1 Sardine Box...2 Coffee Cups...
Afternoon Tea Set...1 Milk Jug...1 Jug...1 Bread Dish...1 Bacon Dish...1 Marmalade Jar...4 Breakfast Cups...

조식용 식기 세트 일러스트. 차 도구도 포함되어 있습니다(Mrs. Beeton's Book of Household Management / 1888년판).

모두가 인기였습니다. 도자기로 된 식기는 일상용으로 사용하는 경우가 많았으므로, 손님과 함께 보내는 티타임 도구에는 고가의 '자기'가 선호되었습니다. 소의 뼛가루를 재료로 쓴 영국 오리지널로, '본차이나'라고 이름 붙인 국산 자기도 대부분의 가정에 보급되었습니다. 찻주전자는 물이 1L 정도 들어가는 크기가 표준 사이즈이며, 혼자서 차를 즐길 때를 위한 조금 작은 것 등 사이즈가 다른 것을 여러 개 갖고 있는 가정도 많았던 모양입니다.

　다음으로 필요한 것이 우려낸 차를 찻잔에 따를 때 찻잎을 거르는 티 스트레이너(Tea Strainer)입니다. 빅토리아 시대는 차 생산지가 인도나 실론까지 넓어지면서 찻잎의 크기도 크고 작은 다양한 것들이 보급되기 시작했습니다. 그렇기에 이 도구의 수요도 증가했습니다.

'티앤'은 대량의 홍차를 만들어둘 때 무척 편리한 도구였습니다. 마개를 돌리기만 해도 곧바로 따뜻한 홍차를 마실 수 있습니다. 내부에는 차가 식지 않도록 뜨겁게 달군 철제 봉이 장착되어 있었습니다(1896년판).

웨지우드사의 웨딩 프레젠트 광고. 아름다운 본차이나도 선물로 인기를 모았습니다(The Illustrated Sporting and Dramatic News / 1890년 10월 25일).

실버 플레이트로 만들어진 티 스트레이너. 찻잎을 기계로 볶아 차를 만들 때는 손으로 할 때보다 찻잎의 모양이 더 잘아지기 때문에 찻잎 거르는 도구가 더 필요해졌습니다(Quadruple Silver Plated Ware / 1869년판).

찻잔은 다양한 디자인의 것들을 소지하는 가정이 많았으며, 전사 기법으로 만들어진 비교적 구입하기 편한 것들부터 전부 손으로 그린 명품까지, 일상용인지 손님용인지, 그리고 손님의 신분에 맞춰 구별해 사용했습니다. 방의 인테리어에 어울리는 찻잔을 선택할 수 있게 된다면 상급자로 여겨졌습니다.

🌿 식기 손질

구입한 도구 관리도 중요했습니다. 정작 손님이 왔을 때 찻잔에 차 앙금이 남아 있다거나, 유리가 탁하거나, 은으로 만든 식기의 색이 칙칙하다거나, 최악의 경우 새카맣게 그을려 있거나 한 것은 상상하는 것만으로도 무서운 일이었습니다. 식기 손질 노하우도 필요하다면 여주인이 고용인에게 지도해야만 했습니다.

이저벨라도 『비튼의 가정서』 2315번에서 식기 손질 방법에 대해 설명하고 있습니다. 우선 유리 손질법.

메이드는 여주인이 준비하라고 말한 유리와 물병, 디캔터(Decant-er, 포도주를 디캔팅할 때 사용하는 용기-역자 주) 등에 문제는 없는지 미리 확인하고, 문제가 있다면 천으로 닦아냅니다. 그 후 트레이 위에 늘어놓고, 티끌이 붙지 않도록 천으로 덮어둡니다.

그릇은 천 조각으로 확실하게 닦고, 일주일에 한 번은 녹각(鹿角) 파우더를 이용해 정성껏 닦아줍니다. 손님이 왔을 때는 그릇이 최

하인이 번쩍번쩍하게 닦은 도구들. 신체나 얼굴이 비쳐 보일 정도입니다
(The Illustrated London News / 1890년 3월 29일).

잘 갈아둔 나이프를 든 하인(The Graphic / 1890년 6월 14일).

고로 아름다운 상태인지를 여주인이 엄하게 체크합니다. 예쁘게 연마된 그릇을 차나 테이블에 세팅하는 것은, 한 집안의 가사가 문제없이 이루어지고 있다는 것을 증명합니다.

은식기는 기름때가 문제입니다. 제대로 닦지 않으면 때가 사라지지 않는다는 것을 메이드에게 이해시켜야만 했습니다. 매일같이 사용하는 스푼이나 포크는 특히 때가 묻기 쉬우므로, 제거하기 위해 비누와 물로 정성껏 닦을 필요가 있었습니다. 은식기는 물로 헹군 후에 마른 천으로 정성껏 닦아냅니다.

손님이 왔을 때만이 아니라, 항상 식기가 최고의 상태인 것이 이상적이었습니다. 이저벨라는 '하인이 비는 시간이 생기면 항상 식기를 닦도록 시킬 것'을 지시했습니다. 얼핏 보면 간단한 일처럼 생각되는 식기 손질이지만, 많은 하인들에게 철저하게 이런 지시를 내렸고, 언제든지 최고의 상태로 유지하는 것은 실제로는 어려운 일이었습니다.

식기 손질 방법은 각 가정마다 달랐기 때문에, 고용한 메이드가 이전 직장에서 더 좋은 방법을 배웠다면, 새로운 여주인에게도 큰 참고가 되었습니다. 다만 그 방법이 더 좋은지 아닌지를 간파할 만한 판단 능력이 필요했습니다. 고가의 식기와 은식기는 세척한 후 깨지지는 않았는지, 분실하지는 않았는지를 여주인이 체크했고, 열쇠가 달린 장소에 보관했습니다.

홍차 끓이는 법

수많은 주부들이 참고한 것으로 보이는 이저벨라의 홍차 끓이는 법을 『비튼의 가정서』 초판본에서 소개해보겠습니다.

좋은 찻잎을 아낌없이 사용하고, 사용할 도구를 뜨거운 물에 담가 미리 따뜻하게 해두고, 뜨거운 물로 홍차를 만드는 것 등은 현재도 높은 평가를 받고 있지만, 이러한 이저벨라의 홍차 끓이는 법은 분량이 군데군데 명기돼 있지 않아서 찻잎의 양과 뜨거운 물의 양을 정확하게는 알 수 없었습니다.

나중에 물을 더하는 것 등은 빅토리아 시대의 독특한 감각이며,

이저벨라 스타일 1814번 홍차 만드는 법

맛있는 홍차를 만드는 요령이라는 건 거의 존재하지 않습니다. 물을 끓이고, 더 좋은 향의 잎을 아낌없이 준비합니다. 이렇게 하면 그 홍차는 틀림없이 맛있게 완성됩니다.

찻잎의 양은 조리로 사람 수만큼에다 한 조리 더. 주전자에 팔팔 끓는 물을 담고 2~3분 놔두었다가 물을 버리면 주전자가 확실하게 보온됩니다. 찻잎을 넣고, 끓여둔 물을 1/2~3/4파인트(약 280~430mL) 정도 부어 뚜껑을 덮습니다. 그리고 5~10분 정도 추출합니다. 그런 다음 주전자를 물로 가득 채웁니다. 찻잎 위에 부을 물을 확실하게 끓이지 않고 주전자에 부으면 찻잎이 열리지 않고, 향기도 추출되지 않기에 결과적으로는 색도 나오지 않고 맛도 없는, 정말 맛없는 홍차가 되어버립니다. 실제로 그건 미지근한 물일 뿐이 겠죠.

큰 파티에서 홍차를 낼 때는, 커다란 주전자를 하나 준비하는 것보다 주전자를 두 개 준비하는 편이 더 좋을 겁니다. 그렇게 하면 항상 어느 하나가 자신의 곁에 있기에 편리합니다. 추가 홍차를 내고 싶을 때는 우려먹은 찻잎은 버리고 주전자를 일단 비운 후, 다시 데워 새로운 찻잎으로 원래대로 우려냅니다. 검소한 집은 찻잎에 끓인 물을 붓기 전에 탄산소다 가루를 추가합시다. 물이 부드럽게 되어, 성분을 더욱 잘 추출하게 됩니다. 너무 많이 추가하면 비누 같은 맛이 나므로, 양은 조금만 넣어야 합니다.

보통 찻잎을 블렌딩할 때는 홍차 4에 녹차 1의 비율로 합니다. 녹차의 향을 좋아한다면 좀 더 많아도 되겠죠. 하지만 녹차는 자극이 강하기 때문에 소량으로 억제합시다.

커피, 카카오, 차의 보태니컬 아트(Botanical Art, 식물학과 예술의 합성어-역자 주). 이러한 보태니컬 아트를 그리거나 장식하는 것이 당시 유행이었습니다. 『비튼의 가정서』에도 마찬가지로 보태니컬 아트가 게재되었습니다(1880년판).

현재 주류인 맛있는 홍차 만드는 법과는 좀 다르기 때문에, 흉내 내지 않도록 주의하시기 바랍니다.

차 구입 방법

『비튼의 가정서』에는 차 구입 방법에 대한 어드바이스도 실려 있습니다. 1795, 1797번을 보면, 당시 유통되던 차의 종류는 약 12종류. 이저벨라는 보히(武夷茶, 중국산으로 질이 낮은 홍차-역자 주)는 하급품, 콩은 중급품, 랍상소우총(중국 푸젠성에서 나는 홍차-역자 주)은 상급품임을 기억해두었으면 한다고 적었습니다.

'차에는 때때로 고의로 다른 식물이 섞여 있을 가능성이 있다'면서, 당시 사회적 문제였던 '가짜 차'에 대해서도 언급했습니다. 중국에서 온 차에는 인목, 하얀 가시, 식물 숯, 마른 잎 같은 불순물이 섞여 있는 경우가 많았고, 다른 찻잎에도 초형초, 야생 베로니카 꽃, 블랙커런트, 매화공목, 해당화나 벚꽃잎 등 다양한 식물이 양을 늘리려고 사용되었습니다. 이저벨라는 '이런 것들 중에는 무해한 것도 있지만, 유해한 것도 있습니다'라고 위험성을 경고했습니다.

이러한 가짜 차 만들기는 18세기부터 시작되었으며, 사기의 일종으로 엄하게 처벌되었지만, 빅토리아 시대까지 이어졌습니다. 이저벨라는 1798번에서 '차를 구입할 때의 주의점'으로서, 최대한 향기가 좋은 차를 고르기를 권하고 있습니다. 차는 습기에 약하므로, 차의 풍미를 망가뜨리는 공기에 노출되지는 않았는지 간파할 수 있습니다.

현재 일본에서는 가짜 차는 볼 수 없지만, 차는 습기에 약하고, 개봉하면 2개월도 가지 못하고 풍미가 떨어져버린다는 점은 빅토리아 왕조와 마찬가지로 우리도 주의하도록 합시다.

코코아 만드는 법

빅토리아 시대의 여성 중에는 기호음료로 코코아를 좋아하는 사람도 많았습니다. 홍차가 아침을 대표하는 음료가 된 것은 18세기 전반. 그 이전의 왕후귀족들은 조식 때 코코아를 즐겨 마셨습니다. 그런 경위가 있어서인지, 조식 때 코코아를 마시는 가정도 많았던 모양입니다.

이저벨라 스타일 1816번 코코아 만드는 법

조식용 컵에 코코아(조리로 2개)를 넣고, 차가운 우유로 매끄러운 페이스트 형태로 만듭니다. 따뜻한 우유와 뜨거운 물을 1:1로 섞은 것을 더해 잘 저어줍니다. 우유를 너무 가열해 코코아의 향을 쓸모없게 하지 않도록 주의할 것. 이상의 방법은 코코아 가루를 사용하는 방법입니다. 고체 상태로 사온 코코아 덩어리(7g)는 잘게 부숴서 상기의 방법으로 만듭니다. 포인트는 뜨거운 우유와 물을 더하기 전에, 덩어리를 잘게 부숴두는 것입니다.

코코아도 티앤에 넣어 내오는 경우가 있었습니다. 테이블에 묘사된 토스트 와 계란은 아침 식사에서 빼놓을 수 없는 존재입니다(The Graphic / 1886년 7월 31일).

단, 코코아는 홍차에 비해 만드는 데 살짝 더 수고가 들어가기 때문에, 하인이 여럿이 있는 여유 있는 가정에서 소비되었습니다. 『비튼의 가정서』에서는 코코아 만드는 법도 소개하고 있습니다.

여주인의 역할

이러한 '홍차 만드는 법'과 '차 구입 방법', '코코아 만드는 법'을 결혼 전에 알아두지 않았다면, 그 젊은 여주인은 하인들에게 정확한 지시를 내릴 수 없습니다.

하인이 구입해온 차가 좋은지 나쁜지도 판단할 수 없겠죠. 이저벨라는 하인들 앞에서 가정서를 펼치고 매뉴얼을 보면서 지시를 내린다면 여주인의 위엄도 유지하지 못하고, 가정이 엉망진창이 되리라고 말했습니다. 그렇기에 가정서는 여주인의 개인실에 놓아두었으며, 하인들이 보지 못하도록 몰래 보았습니다. 하지만 앞서 말했던 『데이비드 코퍼필드』의 어린 부인 도라는 남편에게 선물받은 가정서를 제대로 활용하지 못했고, '가정의 살림을 제대로 하지 못한다'는 이유로 궁지에 몰리게 됩니다.

그녀가 스스로 언젠가 내가 말했던 요리책이 갖고 싶다, 그리고 언젠가 내게 약속한 가계부 쓰는 법도 배우고 싶다고 말한 것이다. 나는 너무나도 기뻤다. 그래서 다음 방문일에는 바로 책을 가지고 갔고(그것도 우선 재밌고 흥미있게 보이도록 예쁜 표지로 바꿨다), 광장 부근을 산책하면서 어머니의 낡은 가계부를 보여주면서 가능하면 연습을 좀 할 수 있도록 노트와 예쁘고 작은 필통, 연필심 한 상자를 주었다.

하지만 요리책은 보다 말고 두통을 호소했고, 숫자에는 완전히 울상을 지었다. 덧셈 같은 건 못 한다고 했고, 숫자는 전부 지워버리고 노트 가득 작은 꽃다발 그림이나 나와 집(애견)의 초상화 같은 것만 낙서되어 있었다.

결국 가져간 책은 한쪽 구석에 내팽개쳐져 집이 장난칠 때 필요한 발판 정도로만 쓰일 뿐이었다.

1906년판 『비튼의 가정서』는 일러스트가 많아 인기를 끌었습니다. 이것
은 차 시간의 세팅 예입니다(Mrs. Beeton's Book of Household Management / 1906년판).

식사 습관

일반 중산계급 가정에서는 '차 마시는 시간'이 대접의 메인이었다
고 『비튼의 가정서』에 적혀 있습니다. 다만 '차'를 부르는 방식은 시
간대와 초대 멤버에 따라 달라졌으며, 의미도 달라집니다. 웨딩 티,
하이 티, 그리고 가족끼리 즐기는 패밀리 티 등이 있습니다.

현재 오후의 차 대접을 뜻하는 '애프터눈 티'란 말은 빅토리아 시
대에는 거의 쓰이지 않았습니다. 상류계급의 애프터눈 티는 대부분
오후 5시에 시작되었기 때문에, '파이브 어클락 티(Five O'clock Tea)'라
는 이름으로 더 잘 알려져 있었습니다. 중산계급의 경우는 앞서 말
한 것처럼 오후의 차를 더욱 세분해 불렀으므로, 역시 '애프터눈 티'
라는 단어는 잘 쓰이지 않았습니다.

애프터눈 티라는 단어가 보급된 것은 호텔에서 마시는 오후의 차

INVALID COOKERY.

손님 한 명분의 세팅 예. 이렇게 아름다운 식탁이 준비된다면 손님도 여주인의 마음 씀씀이에 감동할 겁니다(Mrs. Beeton's Book of Household Management / 1906년판).

가 유행하는 20세기에 들어서면서부터입니다. 그렇다고는 해도 차 마시는 시간이 대접할 때 중요하다는 것은 변하지 않았습니다.

빅토리아 시대에는 오후 5~6시 대에 먹는 간식을 통틀어 '티(차 마시는 시간)'라 불렀습니다. 이저벨라는 조식을 오전 9시, 그리고 점심을 낮 1시경에 먹을 것을 추천했습니다. 이 점심은 때로는 정찬(디너)이라 불렸습니다. 상류계급의 디너는 밤에 하는 것이 기본이었지만, 중산계급에서는 하루 중 가장 호화롭고 무거운 식사를 '디너'라 불렀습니다.

12인분의 디너 테이블 세팅 예(Mrs. Beeton's Book of Household Management / 1893년판).

 그렇기에 점심에 가장 무거운 식사를 하는 중산계급에서는 점심을 디너라 부르기도 했던 것입니다. 엘리자베스 개스켈(Elizabeth Gaskell, 1810~1865)의 유작 『아내와 딸들(Wives and Daughters)』(1864년)에는 스스로를 상류계급에 가까운 존재라 믿는 중산계급 의사의 부인인 깁슨이 점심을 디너와 착각해 분개하는 장면이 나옵니다.

 점심 때 깁슨 부인은 컴너 경이 그녀가 디너를 먹고 있다고 생각한다는 사실에 남모르게 상처를 입습니다. 컴너 경이 자꾸 그녀에게 디너까 제대로 먹으라고 말했기 때문입니다. 그녀가 부드럽고 높은 목소리로 "저는 점심에 디너를 먹지 않아요"라고 항의해도 그에게는 통하지 않았습니다.

이 밖에도 석식을 나타내는 말로 '서퍼(Supper)'가 있습니다. 티보다 늦은 시간에 먹는 저녁을 가리키거나, 석식 후 취침 전에 먹는 간식을 가리키는 말로, 상류계급에서는 칵테일 파티나 공연 관람 후 등에 먹는 간식을 가리키는 말로 사용되었습니다.

취침 전의 서퍼 때는 비스킷이나 따뜻한 우유, 홍차가 제공되었습니다. 이저벨라의 남편 새뮤얼은 일 때문에 무척 바빠서 거의 매일 막차로 귀가했고, 평일에는 부부가 같이 식사하는 일은 거의 없었던 모양입니다. 그래서 그녀는 중식을 디너로 하고, 석식은 티로 가볍게 해결했습니다. 이저벨라는 하인에게 새뮤얼이 귀가했을 때 반드시 따뜻한 서퍼를 내오도록 명령했습니다.

두 사람이 밤의 디너에 손님을 초대할 때도 있었지만, 그것은 한 달에 몇 번 없는 특별한 행사로, 일상적인 접대는 '티'의 범위 내에서 이루어졌습니다.

다음 장에서는 가정에서의 주부의 역할, 접대에 대해 소개합니다.

제4장
여주인이 할 일

빅토리아 시대에는 부유한 집안의 여성은
'가정의 천사'여야 한다고 생각했습니다.
하지만 집안일을 하지 않아도 되는 한편,
그녀들은 가정 초대회(앳 홈)나 자선 활동 등
활발한 사회 활동을 할 의무가 있었습니다.

가정 초대회

　오늘날 주부가 하는 주된 일은 요리, 청소, 가계 관리, 육아 등입니다. 빅토리아 시대에는 그것들은 하인에게 맡겼고, 여주인은 관리만 할 뿐이었습니다. 우아한 생활처럼 보일지도 모르지만, 빅토리아 시대의 중산계급 주부들은 그보다 더하면 더했지 덜하지는 않는 '가정 초대회를 통한 사교와 자선 활동'이라는 커다란 일을 해야 했습니다.

　가정 초대회는 주부 간 사교의 대부분을 차지하는 관습으로, 간단히 말하자면 서로의 집을 방문해 같이 차를 마시는 의식 같은 것입니다. 당시는 저녁까지의 시간을 관습적으로 '모닝'이라 불렀기 때문에, 가정 초대회를 다른 이름으로는 '모닝 콜'이라고도 불렀습니다.

　빅토리아 시대 커뮤니케이션의 기본은 편지를 주고받는 것이었습니다. 하지만 그래서는 얼굴을 볼 수 없어 교류가 희박해지기 일쑤였고, 가까운 시일의 약속을 잡기도 어려웠기 때문에 서로를 방문할 필요가 있었습니다. 그렇다고는 해도 언제 누가 방문할지 알 수 없다면 자기 자신이 외출할 수도 없고, 다과를 준비할 수도 없는 문제가 생깁니다. 그래서 각각의 가정에 미리 일주일에 한 번이나 두 번, 손님을 맞는 요일과 시간을 결정하고, 지인들에게 알려주는 것이 보통이었습니다. 시간대로는 점심을 먹은 이후부터 저녁 식사 시간까지였습니다.

자신이 가정 초대회를 개최하기로 정한 요일에는 최대한 집에 머물고, 그 외의 요일에 친구의 집을 방문한다… 이것이 중산계급 여성의 일과이자 '일'이었습니다. 교외에 사는 경우에는 도심에 있는 친구 집을 방문할 때 여러 집을 방문하는 경향이 있었습니다. 가정 초대회에는 반드시 홍차가 준비되었지만, 현재의 애프터눈 티처럼 천천히 앉아서 즐기는 '티'가 아니었습니다. 가정 초대회의 최대의 목적은 '얼굴 비추기'였기 때문입니다.

『비튼의 가정서』에는 '만약 친구의 집에서 디너를 대접받게 되거나, 피크닉 초대를 받는다면… 다음 주, 늦어도 1개월 이내에는 당신이 반드시 답례를 위해 친구의 집을 방문할 의무가 있습니다'라고 적혀 있습니다.

가정 초대회의 흐름

가정 초대회의 흐름을 설명하겠습니다.

현관에서 초인종을 울리고, 하인이 나오면 자신의 이름을 전합니다. 당신의 이름이 여주인의 '초대하고 싶지 않은 사람 리스트'에 올라 있지 않다면, 자연스럽게 거실이나 응접실로 안내됩니다.

그때, 여성은 스카프 등을 벗는 것이 에티켓이었지만, 숄이나 모자를 벗을 필요는 없습니다. 그 집안의 주인이 권하기 전에 숄이나 모자를 벗는 것은 오래 있을 목적으로 왔다는 사인으로 인식되어도

짧은 방문일 때는 손님은 모자를 벗지 않고 차를 즐겼습니다(Women Fireplace Tea American History / 1888년판).

어쩔 수 없는 행위였기 때문입니다.

여주인이 자리를 권하면 자리에 앉아 티타임이 시작됩니다. 앞접시가 나오지 않는 간단한 스타일이 많았기 때문에, 티 푸드는 손으로 집어 먹을 수 있는 것들이 주를 이뤘고, 과자도 쿠키나 파운드케이크 등 간단한 것이었습니다.

이런 차 모임 때는 홍차는 보통 티앤에 준비되어 있는 것을 여주인이 손님의 찻잔에 따르거나, 아니면 어느 정도 간격으로 메이드가 부엌에서 새로 끓인 차를 가져와 여주인 옆에 있는 찻주전자와

『비튼의 가정서』는 가정 초대회 장소에는 반려동물을 데려가서는 안 된다고 주의를 주고 있습니다. 반려동물을 데려가버리면… 이런 상황이 되고 맙니다(The Illustrated London News / 1893년 9월 30일).

교환했습니다.

다과도 테이블에 준비된 것들이 줄어들어 볼품없어지면 하인들이 적절하게 추가했지만, 계속 나온다고 해서 마음껏 먹는 것은 실례되는 일이었습니다.

가정 초대회에서 인기 있던 다과 중 하나로 『비튼의 가정서』 1764번에도 등장하는 레몬 케이크(22페이지 참조)가 있습니다. 당시 고가의 과일이었던 레몬이 나오면 손님들도 기뻐했던 모양입니다. 또 오이 샌드위치를 내놓는 것도 유행했습니다. 오스카 와일드(1850~1900)의 『진지함의 중요성』(1895년)에도 오이 샌드위치가 특별한 다과로 등장합니다. 오이 샌드위치는 수분이 많기 때문에 만들어둘 수 없어서 하인들을 울리는 음식이었습니다.

빅토리아 시대의 가정 초대회의 평균 방문시간은 15~20분. 다른

보온이 가능한 찻주전자를 방으로 운반하는 소녀. 아직 어린 소녀가 하인으로 일하는 경우도 있었습니다(The Graphic / 1893년 2월 11일).

BAMBOO TEA-TABLE.

접이식으로 만들어진 티 테이블. 손님이 많을 때 활용했습니다. 『비튼의 가정서』에는 이런 티 테이블이 여러 종류 소개되어 있습니다(Mrs. Beeton's Book of Household Management / 1888년판).

방문객이 오면 그걸 신호로 자신들이 떠나는 것이 암묵적인 룰이었습니다. 그때 여주인에게 정중하게 인사하고, 교대하듯 방으로 들어온 새로운 손님을 서서 맞이하며 스마트하게 떠납니다. 여주인이 친구를 소개해주었을 때는 조심스럽게 인사를 합니다.

떠날 때 만약 여주인이 '아쉬운 듯한 표정'을 띄워준다면, 그것은 또 방문해도 좋다는 신호입니다. 당신의 예절이 인정을 받았다는 뜻입니다. 엘리자베스 개스켈의 소설 『크랜퍼드(Cranford)』(1853년)에도 처음에 이런 가정 초대회에 대해 설명합니다.

'낮 12시 이후에는 비워두십시오. 12시부터 오후 3시가 이 마을의 방문시간입니다.'

그럼 방문을 받는다면.

'3일 후입니다. 아마도 어머님께 이미 들으셨을 테지만, 방문을 받았다면 이쪽이 답례로 방문할 때까지 3일 이상 걸려서는 안 됩니다. 그리고 15분 이상 상대의 집에 머물러서는 안 됩니다.'

가정 초대회의 에티켓

　불운하게도 교통 사정 등으로 점심시간이나 에티켓에 위반되는 시간에 방문하게 될 경우, 그날의 방문은 포기합니다. 어울리는 시간에 방문하는 것은 매우 중요하며, 이웃이나 친구끼리라도 지켜야 하는 것이라고 『비튼의 가정서』에도 적혀 있습니다. '가정 교육을 잘 받은 상냥한 사람이라면 그런 상황에서 자신을 우선시하지는 않겠죠'라는 거죠. 가정 초대회에 아이들을 데리고 가는 것은 매너 위반으로 여겨졌습니다. 만약 아이들과 함께 방문할 경우에는, 마차 안에서 기다리게 하는 것이 에티켓이었습니다.

　또한 상대가 아무리 친밀하게 대한다 해도, 도를 넘는 횟수의 방문은 경원시되었습니다. 특히 상대의 집에 노인이 있다면 신체에 부담이 될 수도 있습니다. 건강한 젊은 여성이라도, 당신이 몇 번이고 방문하면 일상의 집안일이 정체되어버릴 가능성이 있습니다. 방문 빈도는 상대와 자신의 관계를 고려해 판단해야 합니다. '친밀한 사이라 해도 예의를 지킬 것', 사리분별 있는 교제는 현재의 우리에게도 공통되는 사항이 아닐까요.

　『크랜퍼드』에는 가정 초대회의 에티켓이 깨지는 에피소드도 있습니다. 어떤 귀부인이 마을에 단 한 명뿐인 의사와 미망인의 약혼이라는 빅 뉴스에 경악한 나머지, 친구에게 그 일을 빨리 알리고 싶어서 방문 시간대가 아닌데 갑자기 찾아가버리고 맙니다. 여주인은 가정 초대회용 복장으로 갈아입지도 못하고, 부끄러운 모습을 보이게 되고 말았습니다.

손님이 방문했을 때의 주의점

자신의 집에 손님을 맞아들일 때도 한 집안의 여주인으로서 실례되는 일이 없도록, 방문할 때 이상으로 주의가 필요했습니다. 에티켓은 변하지 않는 것이 아니라 끝없이 변화하는 것이기에, 항상 최신 정보를 알아둘 필요가 있었습니다. 예를 들어 방문객이 돌아갈 때 여주인이 문까지 배웅하는 의식은 옛날처럼 중요하게 여겨지지 않게 되었다고 『비튼의 가정서』에 적혀 있습니다. 그 대신 여주인은 그저 그 자리에 서서 방문객과 악수를 합니다. 그리고 벨을 울려 하인을 부르고, 손님을 문 앞까지 배웅하게 합니다.

처음 온 방문자일 경우에는 남편도 동석하는 것이 예의였습니다. 만약 남편이 동석하지 못한다면, 여주인은 손님에게 남편의 명함을 건네 부재를 사죄함과 동시에 남편의 직업과 인품에 대해 간단히 말하도록 합니다.

정해진 가정 초대회 요일에 급히 외출해야만 하는 일이 생긴 경우, 전날까지 주변에 명함을 돌립니다. 명함 오른쪽 위에는 프랑스어 'Pour Prendre Congé'의 이니셜을 딴 P.P.C라는 문자를 적었습니다. '외출합니다'라는 의미의 메시지입니다.

사전에 부재를 알림으로써, 근처 사는 분들이 헛걸음을 하지 않도

빅토리아 시대의 아름다운 명함. 여주인의 미의식이 드러납니다(1870년대).

록 하려는 배려였습니다. 아직 부재를 모르는 상대가 방문해 하인에게 명함을 남겼다면, 나중에 부재를 사과할 필요가 있었습니다.

계절이나 날씨 때문에 방문객이 적은 날도 있습니다. 신혼 가정이라면 지인도 적어서, 기다리기만 하는 경우가 대부분입니다.『비튼의 가정서』는 여주인은 그저 잠자코 상대를 기다리는 것이 아니라, 여주인에게 어울리는 취미를 즐기면서 손님을 기다리기를 추천하고 있습니다. 그림을 그리거나, 피아노나 바이올린을 켜거나, 책을 읽거나… 물론 갑작스레 찾아온 손님 때문에 그런 것들의 즐거움이 중단되어버릴지도 모르지만, 가벼운 바느질을 하면서 손님과

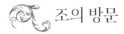 가정 초대회 날, 자수를 하면서 방문자를 기다리지만 아무도 오지 않아 소파에서 잠들어버린 여주인. 하인마저 맥이 풀려 복도에서 자고 있습니다(Harper's Bazaar / 1871년 1월 24일).

대화하는 것은 실례로 생각되지 않았던 모양입니다.

조의 방문

가정 방문 중 가장 신중한 태도가 요구되는 것이 조의 방문입니다. 장례식이 끝나고 일주일 이내에 방문하는 것이 매너였습니다.

방문 시에는 애도 카드를 지참합니다. 평소 이상으로 정중하게, 단어 선정에도 실수하지 않도록 주의 깊게 카드를 작성합니다. 복장은 검은 실크 또는 검은색 단색을 입었습니다. 상복으로 방문하는 것은 불행한 일이 있던 가족에 대한 예의이자, 그 가족의 슬픔에 대한 배려의 표현이기도 했습니다.

방문했을 때 가족이 집에 없는 경우에는 애도 카드를 두고 갑니다. 마차로 방문할 때는 하인이 마차가 있는 곳까지 와서 대응하고, 애도 카드를 받습니다. 도보로 갈 경우에는 벨을 울리고, 나온 하인에게 카드를 전달합니다. 응접실 등으로 들어가게 되지만, 오래 있을 필요는 없습니다. 조의가 전해지도록 말하고, 바로 떠납니다.

🎭 억측하지 말 것

가정 초대회를 되풀이하다 보면, 가끔 "사모님은 집에 안 계십니다"라며 하인이 부재를 알리는 경우가 있습니다. 이런 일이 반복되면 당신과 친해지고 싶지 않다, 만나고 싶지 않다, 그런 의미로 생각하게 될지도 모르지만, 당시에는 그렇지 않은 경우도 많았던 모양입니다. 찰스 디킨스의 『두 도시 이야기(A Tale of Two Cities)』(1859년)에는, 독신 여성을 방문한 남성에게 하인이 본인의 의사를 확인하지 않으면 있는지 없는지를 대답할 수 없다고 대응하는 장면이 나옵니다. 이것은 남성을 거부하는 것이 아니라, 그때의 당사자의 의사가 우선시되었다는 것을 의미합니다. 상대가 굳이 '집에 없습니다'라는 말로 대응한다면, 말 그대로 순순히 받아들이는 것이 빅토리아 시대의 어른의 대응이었습니다.

예를 들어 『크랜퍼드』에는 하인을 한 명밖에 고용하지 못한 집이 나옵니다. 그 집에서는 오전 중에 여주인이 직접 하인과 함께 빵과

케이크를 굽습니다. 하지만 오후에 손님이 올 때는 여러 명의 가공의 하인이 다른 방에서 일하는 것처럼 행동합니다. 마을 사람들은 이런 사정을 다 알고 있지만, 여주인을 하인을 몇 명이나 고용할 수 있는 유복한 여인으로 여기고 그에 맞게 행동함으로써 여주인의 체면을 세워줍니다. 그렇게 대해준다는 것을 그 집의 여주인도 물론 알고 있습니다.

가정 초대회를 통해 마음이 맞는 친구가 생긴다면 천군만마. 가정에 대한 것, 육아에 대한 것 등 이야기는 끝이 없었습니다(Ladies Home Journal Magazine / 1897년 3월).

『비튼의 가정서』는 예의 바른 사람이고 싶다면 타인의 말을 있는 그대로 받아들이는 것이 좋다, 즉 상대의 말 이상으로 무언가를 깊이 생각하지 말 것을 권하고 있습니다. 현재의 우리는 상대방의 진의를 확인하고 싶어지지만, 빅토리아 시대의 여성들은 굉장히 신중했던 모양입니다.

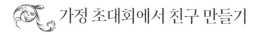 ## 가정 초대회에서 친구 만들기

　가정 초대회는 커뮤니티의 소통 창구 역할을 했으며, 사고방식이나 취향이 맞는 친구나 지인을 늘리기 위한 중요한 장소였으나, 새로 알게 된 사람과 금방 친해지는 것은 때로는 위험하기도 했습니다. 『비튼의 가정서』에도 사람은 겉만 보고는 알 수 없다고 적혀 있습니다.

　겉으로 보기에는 사교적이라 해도, 그것이 그 사람의 진짜 모습이라고 단정할 수는 없습니다. 자신의 마음속 이야기를 해도 괜찮은 상대인지 조심스럽게 파악할 필요가 있습니다. 이를 위해서는 시간을 들여야만 합니다.

　가정서에서 이저벨라는 영국의 시인 조애너 베일리(Joanna Baillie, 1762~1851)의 시를 인용해 독자에게 호소했습니다. '친교는 급속도로 성장하는 식물이 아닙니다. 존경이라는 토양에 뿌리를 내릴 수 있도록, 느긋하게 시간을 들여 일구며 키우는 것입니다.' 이와 같은 절묘한 인용이 『비튼의 가정서』의 매력이기도 했습니다. 이제 막 알게 된 사람을 갑자기 디너에 초대하는 것은 피하고, 가정 초대회를 반복하는 동안 상대를 잘 관찰하고 간파하는 것이 중요했습니다.

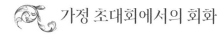 ## 가정 초대회에서의 회화

　세심하게 주의를 기울여 많은 친구를 만들고, 인간관계를 넓히고

유지하는 것은 남편의 일이나 장래 아이들의 결혼에도 영향을 미치는 여주인의 중대한 '일'입니다. 그러기 위해서는 반드시 TPO(시간[Time], 장소[Place], 상황[Occasion]에 맞도록 행동하는 것. 보통 의복 관련 용어로 쓰인다-역자 주)에 맞는 회화를 할 수 있어야 했기에, 가정서에는 차 모임의 회화 에티켓에

입구에서 이웃 여성과 소문 얘기를 나누는 여주인. 너무 신나 했다가는 비극에 말려들 가능성이 있기 때문에 이러한 행위는 어리석은 일로 여겨졌습니다(The Rainhill Funeral / 1872년판).

대해서도 자세히 적혀 있습니다. 맛있는 홍차를 마시는 시간에 어울리는 것은 당연히 즐거운 화제입니다. 또 슬픈 일이라 해도, 친구와 기분을 공유함으로써 힘을 얻고 싶다면, 사양하지 말고 상대에게 그렇게 전하는 것도 필요했습니다.

　피하고 싶은 화제는 심각한 이야기나 언쟁이 일어날 법한 이야기, 타인의 성격이나 행동에 대한 자신의 견해, 기대를 벗어났던 일이나 사소한 일상에 대한 푸념입니다. 네거티브한 발언을 되풀이하는 것은 듣는 상대로서는 엄청나게 피곤한 일입니다. 특히 남편에 관한 푸념은 자신의 품위마저 낮추게 되므로 주의해야 합니다. 또 당신 주변에 소문을 좋아하는 지인이나 남의 스캔들을 즐기는 이웃

이 있다면, 더욱 신중하게 행동하기로 마음먹을 필요가 있습니다.
『전망 좋은 방』에 소문을 좋아하는 자매가 등장합니다.

　　그녀는 아란 자매의 성격에 대해 얘기했다.
　　"그 두 사람은 소문 얘기를 좋아해. 그 사람들에게 얘기한
　　건 순식간에 여기저기로 다 퍼져버린다니까."

　자신에게 그럴 생각이 없었다 해도, 회화에 참가한 것만으로도
그런 사람들 중 하나로 여겨져버리고, 가족의 행복을 파괴할 정도
의 위험을 내포하게 됩니다.
　여주인의 책무 중 첫 번째는 가족의 안전과 행복을 지키는 것. 가
족을 위해서도, 친구와의 교제가 잘못되어서는 안 됩니다. 가정서
에서는 특정한 취미를 지녔거나 가치관이 맞는 사람끼리 커뮤니티
를 만들어서, 정보 교환을 하는 것이 좋다고 추천하고 있습니다. 즐
거운 티타임을 공유하기 위해서는, 초대하는 쪽과 초대받는 쪽 쌍
방의 절도가 중요하다는 사실은 지금도 옛날과 마찬가지입니다.

왕실의 자선 활동

　빅토리아 시대 여주인의 또 하나의 일은 '자선 활동'이었습니다.
근검절약이 상식으로 여겨지던 당시, 빅토리아 여왕을 필두로 한

알렉산드라 황태자비에게 조화 장미를 받는 아이들(The Illustrated London News / 1886년 3월 10일).

왕실 멤버도 다양한 자선 활동을 펼쳐 세간의 주목을 받았습니다. 특히 여왕의 장남인 에드워드 황태자(Edward VII, 1841~1910)와 결혼한 알렉산드라 황태자비(Alexandra, 1844~1925)의 자선 활동은 황태자비와 동시대를 사는 여성들에게 막대한 영향을 미쳤습니다.

자선 활동의 일환으로 환자들을 문병하는 중산계급 여성들(1850년판).

왕실과 국민이 친밀하게 지내던 덴마크에서 시집 온 알렉산드라 황태자비는 아름답기만 한 것이 아니라 박애 정신이 충만한 사람이었습니다. 매주 런던의 이스트 엔드에 있는 병원으로 가서 간호사와 안면을 틀 정도로 수많은 환자들을 문병하고, 용기를 북돋워주었습니다. 또 새 병원의 건설비용을 모으기 위해, 스스로 간호사

자선 바자회의 모습. 자선 활동에 관여한다는 것은 중산계급 사람들의 '여유'를 나타냈습니다. 주말에는 각지에서 자선 바자회가 열렸습니다(The Illustrated London News / 1874년 6월 20일).

유니폼을 입고 병원 직원과 자원봉사단체 사람들과 함께 신체가 부자연스러운 사람이 손수 만든 하얀 조화 장미를 판매했습니다.

이 활동은 '알렉산드라 로즈 데이'라 불리게 되었습니다.

또한 알렉산드라 황태자비는 빅토리아 여왕 즉위 60주년(1897년) 기념식 때, 4만 명의 가난한 사람들에게 따뜻한 디너를 무료로 제공하는 계획을 세웁니다. 이때 알렉산드라 황태자비에게 찬동했던 것이 빅토리아 시대를 대표하는 홍차 회사 '립톤(Lipton)'사의 사장 토머스 립톤(Thomas Lipton, 1848~1931. 후에 세계의 홍차왕이라 불린다)이었습니다. 노동자계급 출신인 립톤은 자선 활동에 열심이었으며, 황태자비의 로열 디너에 필요한 홍차와 설탕, 자금을 원조했습니다.

이 자선 활동이 인연이 되어, 립톤과 알렉산드라 황태자비는 우호가 깊어집니다. 후에 빅토리아 여왕에게서 립톤이 훈장을 수여받은 것도 황태자비의 도움이 있었기 때문이라고 합니다.

 여주인의 자선 활동

　자신의 가정만이 아니라 주변 사람들도 행복해지게 하는 자선 활동은, 상류계급은 물론이고 생활에 여유가 생기기 시작한 중산계급 사람들에게도 사회적인 의무가 되었습니다. 『비튼의 가정서』에는 가난한 사람들에게 은혜를 베푸는 것은 무척 중요하다고 적혀 있습니다. '여주인이 타인도 생각하는 그런 속이 깊고 상냥한 인물이라면, 그 가정은 무척 편안하고 가족만이 아니라 방문한 손님까지 행복을 느끼게 할 겁니다.'

　환자가 있는 가난한 가정에 문병을 가고, 위생 관리와 식사 관리를 돕거나, 교회의 행사에 협력하거나 기부를 하는 등등 자선 활동에는 다양한 방식이 있었습니다. 알코올 중독에 빠진 빈곤층을 정상 생활로 인도하기 위한 '금주 운동' 때는 빈번하게 티 파티가 개최되었고, 중산계급 여성들은 차를 끓이고 다과를 만들면서 그 활동을 지원할 수 있었습니다. 티 파티에 1,000명 가까이 참가한 적도 있었습니다.

　『비튼의 가정서』를 편집한 이저벨라는 1858년 겨울 연못이 얼어

빈곤 가정을 방문하는 중산계급 여성. 아름다운 차림을 한 여주인에 비해 방문처의 일가족은 말라 있어서 생활의 차이가 더 두드러집니다(The Illustrated London News / 1888년 12월 22일).

버릴 정도로 추운 날씨 속에서, 인근의 가난한 아이들을 위해 가정서에 게재할 예정인 수프를 만들었습니다. 아이들은 비튼가의 부엌으로 불려왔고, 이저벨라는 각자가 가져온 용기에 렌즈콩, 완두콩, 양배추가 들어간 수프를 덜어주고 가지고 가게 했습니다.

이저벨라는 가정서에 '가난한 가정용' 레시피를 몇 개 포함시켰지만, 빈곤 가정에서는 도저히 구할 수 없을 것 같은 고가의 재료를 사용하거나, 애초에 그걸 만들기 위한 조리 도구가 없는 등 노동자계급과는 현실적으로 어울리지 않는 레시피였습니다. 이러한 생활수준 차이에 대한 생각과 오해를 이저벨라 자신도 자각하고 있었던지 '가난한 가정을 방문하는 것은 계급이 다른 사람들의 실제 생활을 이해할 수 있는 가장 빠르고 현실적인 방법'이라고 가정서에 기록했습니다.

이저벨라가 거기에 금액이 얼마나 들어가느냐의 문제가 아니라, 자애 정신이 중요하다고 적은 것처럼, 자선 활동은 특정한 직업이 없는 여성에게는 가정과 사회를 이어주는 중요한 접점이었습니다.

그리고 빈곤한 가정도 중산계급 여성에게 요리, 청소, 가게, 의료, 법률 노하우를 배울 수 있는 귀중한 기회였습니다.

자선 파티의 한 장면. 중산계급 여성들이 티 앤에서 홍차를 따르고 있습니다(Frank Leslie's Illustrated London Newspaper / 1874년 1월 3일).

자선 티

다양한 자선 활동 중에 '자선 티'가 있습니다. 빈곤층 사람들에게 디너를 제공하는 것은 자금과 인원이 필요하지만, 간단한 음식을 제공하는 '티'라면 지역 커뮤니티 안에서도 제안하거나 기획하기 쉬웠기 때문에 자주 열렸습니다.

알렉산드라 황태자비도 자신이 왕비로 즉위한 1901년, 왕실 관련 시설에서 일하는 여성 하인 1만 명을 대상으로 한 대규모 자선 티를 주최했습니다. 왕비가 된 그녀가 남성 하인에 비하면 지위가 낮았던 여성 하인에게 감사의 마음을 표현한 것은, 여성 하인의 지위 향상에 크게 공헌했습니다.

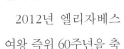 가정 초대회로 가는 도중에 가난한 아이들에게 베푸는 여성. 여유가 있는 사람들이 아래 계층 사람들에게 베푸는 것은 미덕으로 여겨졌습니다(Sunday Reading for The Young / 1913년판).

2012년 엘리자베스 여왕 즉위 60주년을 축하하는 '다이아몬드 주빌리'의 축하 이벤트에서는, 런던의 1,000군데를 빌려서 자선 티가 개최되었습니다. 이 대규모의 행사에는 왕족과 귀족들의 자금 원조가 이어졌습니다.

빅토리아 시대에도 지금에도, 자선 티에 빼놓을 수 없는 과자가 있습니다. '빅토리안 샌드위치'입니다. 빅토리아 여왕이 사랑했다고 잘 알려진 이 케이크의 레시피는 『비튼의 가정서』초판본에도 게재

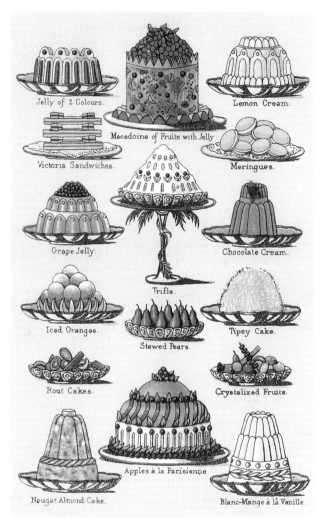

Jelly of 2 Colours.

Macedoine of Fruits with Jelly.

Lemon Cream.

Victoria Sandwiches.

Meringues.

Grape Jelly.

Chocolate Cream.

Trifle.

Iced Oranges.

Stewed Pears.

Tipsy Cake.

Rout Cakes.

Crystalized Fruits.

Apples à la Parisienne.

Nougat Almond Cake.

Blanc-Mange à la Vanille.

🍰 왼쪽 두 번째 단에 그려진 케이크가 '빅토리안 샌드위치'입니다(Mrs. Beeton's Book of Household Management / 1888년판).

되어 있습니다.

　이 레시피의 분량은 현재도 거의 변하지 않았는데, 현재의 레시피에는 잘 부풀게 하기 위해 베이킹파우더를 쓰는 경우가 대부분입니다. 『비튼의 가정서』에는 1906년판부터 베이킹파우더가 추가되어 있습니다.

　그리고 빅토리아 시대에는 사각형 틀을 사용해 케이크를 구웠는데, 현재는 샌드위치 틴이라 불리는 전용의 얇고 둥근 틀로 두 장의 스펀지를 굽고, 그 사이에 잼을 샌드해 완성하는 스타일이 일반

이저벨라 스타일 1491번　빅토리안 샌드위치

재　료　　계란 4개, 고운 설탕·버터·소맥분은 계란과 같은 분량, 소금 약 1/4솔트스푼(Salt Spoon, 식탁용 소금 숟가락-역자 주), 레이어를 만들기 위한 잼 또는 마멀레이드(Marmalade, 감귤류의 껍질과 과육에 설탕을 넣어 조린 젤리 모양의 잼-역자 주)

만드는 법　버터를 크림 형태가 될 때까지 저어준 후, 체로 친 설탕과 소맥분을 넣어주십시오. 거기에 거품기로 풀어둔 계란을 넣고 섞습니다. 10분 정도 잘 섞었으면, 버터를 칠한 요크셔 푸딩 틀에 반죽을 넣고 중간 온도 정도의 오븐에서 20분 굽습니다. 케이크가 식으면 케이크를 반으로 자르고, 잼을 사이에 바르고 가볍게 눌러 평평하게 하고, 길다란 핑거 사이즈로 자릅니다. 유리그릇에 핑거 사이즈로 자른 스펀지를 쌓아 올려주십시오.

적입니다. 현재 핑거 사이즈의 가늘고 긴 스펀지를 조합하는 빅토리안 샌드위치는 요리연구가 등이 특별히 만들지 않으면 구경할 수 없게 되었습니다.

🌿 의상을 갈아입는 습관

여성들은 '일'할 때 어떤 옷을 입었을까요. 이저벨라는 하루 동안 입는 옷은 시간대와 목적에 맞도록 바꿔야 한다고 설명했습니다. 조식용은 장식품을 달지 않고 심플한 복장으로 있는 것이 바람직하며, 가정 초대회 시간에는 방문객을 맞이하는 옷으로 갈아입습니다.

앞서 소개했던 개스켈의 『크랜퍼드』에는 에티켓을 위반한 갑작스러운 방문객이 왔을 때, 여주인은 여기저기를 기운 조잡한 실내모와 숄을 두르고 있었습니다. 방문객은 이걸 알고 있었던 듯 "나는 신경 쓰지 않으니까, 제대로 된 옷으로 갈아입지 않아도 괜찮아. 빨리 얘기하고 싶어"라면서, 여주인에게 옷 갈아입을 시간을 주지 않고 방으로 뛰어 들어오는 장면이 있습니다.

로워 미들 클래스에서도 이 시대에는 하루에 세 번은 옷을 갈아입었습니다. 아침에 잠에서 깨어난 후에 가운으로 갈아입고 조식을 먹습니다. 오전 10시에는 방문객들을 맞이하는 옷으로 갈아입고 쇼핑을 하러 갑니다. 집으로 돌아온 후에는 일상복으로 갈아입고, 위

패션 전시회에서는 간이 티 룸이 준비되어 있는 경우도 있었습니다. 여성들은 차를 즐기면서 좋아하는 옷을 찾던 모양입니다(A Fashionable Conditorei / 1874년판).

에 에이프런을 하고 집안일을 합니다. 낮 1시, 에이프런을 벗고 점심 식사. 오후에는 가정 초대회에 대비해 유행을 의식한 드레스로 갈아입고, 저녁에는 가운 차림으로 홍차를 즐깁니다. 그 후, 밤의 디너에 대비해 정장으로… 이런 식이었습니다.

물론 이렇게 갈아입으려면 하인의 도움이 필요했습니다. 특히 디너 때는 가족만의 장소라 해도 정장으로 자리하는 것이 매너였습니다.

이저벨라는 '귀금속이나 장식품은 정식 식사인 디너의 시간까지는 할 필요가 없다'라고 주의를 주었습니다.

샬롯 브론테(Charlotte Bronte, 1816~1855)의 소설 『제인 에어(Jane Eyre)』(1847년)의 주인공인 제인은 연 수입이 30파운드인 로워 미들 클래스였지만, 가정교사로 일하던 곳은 어퍼 미들 클래스인 로체스터 가문이었습니다. 가주인 로체스터와 처음으로 티타임에서 만났을 때, 제인은 가정부장에게 "상의를 갈아입으시길"이라는 말을 듣습니다. 이 집에서는 항상 밤에는 드레스를 입도록 되어 있다는 이야기를 들은 제인은 계급의 차이를 느낍니다. 그녀는 가져온 옷 중에서 가장 좋은 비단으로 된 검은 옷으로 갈아입지만, 가정부장은 그 정도로는 부족하다며 브로치를 달라고 재촉했고, 작은 진주가 달린 브로치를 하게 됩니다.

옷을 새로 만들 때 주의할 점

기성복이 아직 일반적이지 않았던 빅토리아 시대에 여성들은 재봉사에게 의뢰하거나, 스스로 옷을 만들 수밖에 없었습니다. 그렇기에 옷이 무척 비쌌습니다.

『비튼의 가정서』11번에서 이저벨라는 옷을 새로 만들 때 주의할 점을 들었습니다. 유행하는 옷을 동경하는 마음은 이해하지만, 가계를 맡은 여주인으로서 절제할 것을 세 가지의 마음가짐으로 나타냈습니다.

첫째는 '수입에 비해 너무 비싸지 않은 것을'. 매일 새로운 드레스를 입는 것을 좋아하는 귀부인은 좋은 아내라 할 수 없습니다. 반대로 너무 소박하기 짝이 없는 복장도 생각을 해봐야 합니다. 절도 있는 생활에 남편의 수입에 걸맞은 복장은 빼놓을 수 없습니다.

둘째로, '자신의 얼굴색, 체형과 잘 조화되는지를 생각해본다'. 피부가 약간 까맣고, 안색이 어두운 여성에게는 수수한 색깔의 실크가 잘 어울립니다. 금발이고 안색이 좋은 여성에게는 밝은 색이 좋으며, 진하고 깊은 색은 그 좋은 안색을 수포로 만들어버린다고 이저벨라는 기록했습니다.

셋째는 '자신이 가지고 있는 다른 옷과의 색 조합을 생각할 것'. 차가운 색끼리의 조합은 사람들에게 차가운 인상을 주므로 주의가 필요했습니다. 좋은 색 조합은 '금색과 라일락', '연한 파랑과 진한 분홍색', '핑크색과 검정색' 등 따뜻한 색과 차가운 색의 조합이었습니다.

패션 플레이트

여성들이 옷을 구입할 때 참고했던 것이 패션 잡지입니다. 『크랜퍼드』에는 도심지에서 온 젊은 여성이 마을에 오래 살았던 독신의 노부인 저택에서 "젊은 사람들은 이런 거 보는 거 좋아하잖아요?"라면서, 친절심으로 패션 잡지를 건네받는 장면이 있습니다. 하지만 그 패션 잡지는 놀랍게도 10년 전의 것. 지금도 옛날도, 최신 패션에 정통하는 것이 멋을 부릴 줄 아는 여성의 조건이었습니다.

BRIDAL DRESS.

잡지에 게재된 웨딩드레스는 수많은 여성들의 동경의 대상이 되었습니다(The Englishwoman's Domestic Magazine Vol. I / 1852년판).

이렇게 멋을 부릴 줄 아는 여성들이 푹 빠졌던 것이 패션 플레이트입니다. 이것은 18세기 말에 프랑스에서 등장한 최신 모드(Mode, 유행하는 패션-역자 주)를 그림으로 인쇄한 것으로, 시각적인 패션 정보로서 여성들에게 커다란 영향을 미쳤습니다.

빅토리아 시대가 되면 수채색 판화를 이용한 컬러 패션 플레이트도 돌아다니게 됩니다. 구매 욕구를 높이기 위해 왕실의 멤버 등을 모델로 하는 경우도 있었는데, 옷은 철저하게 고객층인 중산계급의 복장이 그려져 있었습니다. 또한 다른 장면, 다른 옷이 한 장의 그림에 그려져 있는 경우 —극단적인 예로는 웨딩드레스와 상복이 같은 페이지에 그려져 있는 경우도 있었습니다.

이저벨라의 남편 새뮤얼은『영국 부인 가정 잡지』를 1860년에 리뉴얼합니다. 이때 파리의 유명한 화가에게 컬러 패션 플레이트를 그리게 해, 파리의 패션 정보를 모은 파리 통신으로 게재했습니다.

그리고 1861년에는 여성용 주간지『퀸(The Queen)』을 창간합니다. 이 주간지의 편집은 1863년까지 새뮤얼이 담당했습니다.『퀸』은 유사한 패션 잡지에 비해 큰 편인 A3판이었고, 16페이지라는 볼륨이 특징이었습니다. 그렇기 때문에 가격은 다

여성 실내복의 패션 플레이트. 티타임 중에도 이런 의상을 입은 모양입니다
(The Englishwoman's Domestic Magazine. New Series. Vol. X / 1871년판).

른 잡지에 비해 약간 비싼 6펜스였지만 게재된 옷도 높은 품질을 고집했기 때문에, 중산계급 중에서도 상위에 속하는 여성들의 지지를 얻었습니다. 컬러 패션 플레이트도 격주로 게재되어 여성들을 기쁘게 했습니다.

여성들은 패션 플레이트에 그려져 있는 최신 모드를 참고해 재봉사에게 드레스를 주문합니다. 하지만 당시 여름에는 여름옷, 겨울에는 겨울옷의 패션 플레이트가 게재되었기 때문에, 옷이 완성되기

이저벨라가 설립에 관여했던 『퀸』의 주목 페이지였던 컬러 패션 플레이트. 파리에서 유행하던 패션을 다루는 경우가 많았던 모양입니다(The Queen, The Lady's Newspaper and Court Chronicle / 1874년 11월 7일).

The Queen, The Lady's Newspaper and Court Chronicle / 1873년 7월 5일

The Queen, The Lady's Newspaper and Court Chronicle / 1878년 10월 5일

전에 시즌이 끝나버리지 않도록 빠르게 결단해 주문할 필요가 있었습니다.

투알레트

남 앞에 나서기 위한 몸단장, 환복, 화장—. 이런 일련의 흐름을 빅토리아 시대에는 '투알레트(Toilette, 화장실을 뜻하는 프랑스어-역자 주)'라는 단어로 총괄했습니다. 여주인의 몸단장을 돕는 레이디즈 메이드를 고용한 경우, 투알레트에 관한 일은 레이디즈 메이드가 담당했습니다.

레이디즈 메이드가 아침에 가장 먼저 하는 일은, 자기 자신의 몸단장을 마친 후, 여주인이 전날 밤에 벗어둔 옷을 정리할 것인지 아니면 그대로 입을 것인지를 여주인에게 확인하는 일이었습니다. 비나 눈이 내리는 날에는 옷의 얼룩을 주의 깊게 확인해 케어합니다. 하지만 이저벨라의 집처럼 다른 잡무도 하는 하우스메이드밖에 없는 경우에는, 옷 관리를 여주인이 직접 할 수밖에 없습니다. 빅토리아 시대에 고가의 옷 손질은 중요한 일이었습니다.

여주인은 옷의 소재에 맞는 손질 방법을 하인에게 지도합니다. 『비튼의 가정서』에 언급된 의상 관리 방법은 이렇습니다. 장식이 있는 보닛은 장식이 눌리지 않았는지 확인 필수. 만약 티끌이 붙어 있다면 부드러운 브러시를 이용해 그 전날 밤까지 깔끔하게 해둘 것. 또, 착용할 드레스가 더러워지진 않았는지, 레이스가 흐트러진 부분은 없는지 등의 상태를 체크하는 것도 중요. 드레스는 재질에 따라 손질 방법도 달라지므로, 당연히 그 방법도 가정서에 기재되어 있습니다.

또 옷에 팔을 넣었을 때 옷이 차갑지 않도록, 미리 난로 앞에 두어 따뜻하게 해두는 것도 하인이 할 일입니다. 여주인이 옷을 갈아입을 때, 화장대 위에 화장품과 지시한 액세서리도 준비해둡니다.

드레스와 숄의 조합, 유행하는 머리 모양 연구, 향수 선택, 재봉기술 등 빅토리아 시대의 여성의 꾸밈은 세부까지 방심할 수가 없

투알레트 중인 레이디즈 메이드와 여주인. 어떤 머리 모양으로 묶으려는 걸까요(Home Book / 1880년판).

습니다. 때로는 여주인의 명령으로 하인도 패션 잡지를 읽고, 코디
네이트와 헤어스타일을 연구하기도 했습니다. 손재주가 좋고 센스
가 좋은 하인은 여주인에게 사랑을 받았고, 옷을 물려받는 경우도
있었던 모양입니다.

🎍 티 가운

'티 가운'은 빅토리아 시대의 티타임에 빼놓을 수 없는 옷이었습
니다. 이 유행의 발단은 코르셋 사용에 대한 두려움 때문이었습니
다. 코르셋은 허리 45cm를 목표로 하는 여성들은 도저히 떼어놓을
수 없는 존재였으나, 건강에 대한 영향은 18세기 말부터 프랑스에
서 문제가 되고 있었습니다. 영국에서 사회적인 건강 문제로 인지
되기 시작한 것은 빅토리아 시대부터입니다. 『영국 부인 가정 잡지』
에서는 1860년대 후반부터 여성의 허리를 조이는 것의 위험성에 대
해 논쟁을 벌이기 시작합니다. 1884년 런던에서 개최된 국제 건강
박람회에서도 코르셋 사용에 대한 대담이 열리기도 했습니다.

이러한 흐름도 있어서, 오후의 티타임에 착용하는 옷은 격식을
차린 빅토리안 드레스와는 다른, 여성의 신체를 조이지 않는 디자
인이 늘어났습니다. 낙낙한 라인의 '티 가운'에는 캐시미어, 코튼,
시폰, 레이스 등 부드러운 소재가 사용되었습니다. 여기에 레이스
나 리본, 펄 등의 장식을 달아서 여성의 모습을 섬세하게 연출한 것

입니다. 물론 실용성도 중요합니다. 차를 따를 때 방해되지 않도록, 소매 길이는 7~8분, 숙였을 때 가슴팍이 보이지 않도록 배려된 디자인이 인기를 끌었습니다.

상류계급에서는 색깔이 있는 재료로 만드는 경우가 많았던 티 가운은, 중산계급 여성들에게는 '흰색'이 인기였습니다. 집안일에서 해방된 자신을 연출하기에는 '흰색'이 엄청나게 효과적이었기 때문이겠죠. 중산계급 사이에서는 티 가운이 집에서 디너 때 착용하는 '이브닝드레스'로도 활용되었습니다. 다만 이걸 입고 외출하는 일은 없었습니다.

티 가운 선전 광고. 귀엽고 스타일리시한 디자인, 소매와 옷깃 선에는 자수를 놓았으며, 소재는 캐시미어와 실크를 사용했다고 적혀 있습니다 (Royal Academy Pictures / 1891년판).

다음 장에서는 여름휴가와 스포츠 등 야외 활동에 대해 소개하겠습니다.

제5장
여주인의 휴가

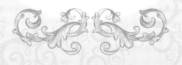

지금까지 보아온 것처럼, 매일 좁은 지역 안에서 생활하는 여성들.
멀리 외출할 기회는 휴가 때였습니다.
도심지에서는 쇼핑을, 자연 속에서는 피크닉과 스포츠를 즐깁니다.
증기선과 철도의 발달로 여행도 즐길 수 있게 되었습니다.

홍차 판매는 홍차 전문점에서 계량해서 파는 것이 주류를 이루었지만, 빅토리아 시대 후기에는 개별 포장 판매가 일반화되었고, 전문점 이외에서도 구입할 수 있게 됩니다(The Illustrated London News / 1850년 12월).

쇼핑

어떤 시대든 여성들에게 변하지 않는 휴일의 즐거움 중 하나는 '쇼핑'일 겁니다. 빅토리아 시대의 중산계급 가정에서는 식료품, 일용 잡화 쇼핑은 하인이 할 일이었습니다. 하인에게 맡길 수 없는 고가의 쇼핑은 여주인이 했는데, 그것도 거주 중인 마을 안에서 해결하는 것이 보통이었습니다.

그럼에도, 19세기 초에는 여성이 혼자서 쇼핑하는 것을 별로 좋게 보지 않았기 때문에, 당시에 비하면 지금은 훨씬 자유로운 시대가 되었다고 할 수 있습니다.

교외의 마을에는 대도시처럼 다양한 물품이 한 가게에 모여 있는

맨체스터의 식료품점에서 쇼핑하는 사람들. 매장 안은 매우 혼잡합니다
(The Illustrated London News / 1862년 12월 29일).

대형 상점은 없었기 때문에, '홍차', '도자기', '구두', '리본', '화장품',
'식료품' 등 필요한 물건은 각각의 전문점에 갈 수밖에 없었습니다.

『크랜퍼드』의 무대인 크랜퍼드는 맨체스터 교외의 시골 마을이라
는 설정으로, 옷을 취급하는 상점은 하나뿐입니다. 그렇기 때문에
신작 발표회 날에는 온 마을의 부인들이 모여들어서, 서로가 산 물
품들을 품평한다… 이런 일도 일상이었습니다. 미스 마티는 고민합
니다.

　"12시가 지난 다음에 외출하는 게 에티켓이야. 하지만 말이
　야, 그때쯤이면 크랜퍼드 안의 모든 사람들이 올 테고, 게다가
　그렇게 많은 사람들이 보는 앞에서 옷이나 장식품이나 모자
　에 눈이 뒤집히는 모습을 보여주는 건 싫잖아?"
　"그래서 내가 생각한 건데 말이야, 아침에, 아침밥 먹고 바

 고급 상품을 취급하는 백화점은 넓은 면적, 호화로운 인테리어 등이 필요했습니다(The Illustrated London News / 1884년 8월 16일).

로, 잠깐 외출 좀―. 차가 반 파운드 정도 필요하거든."

결국 미스 마티는 홍차를 구입한다는 구실로 가게에 가고, 그 흐름을 타고 옷을 보고 오자… 라는 계획을 세우고, 실행하게 됩니다.

백화점의 탄생

축복받은 쇼핑 환경이라고는 말할 수 없었던 빅토리아 시대, 여성들을 푹 빠지게 만드는 상업시설이 오픈합니다. 그것이 바로 '백화점'입니다. 백화점의 시작은 1852년, 프랑스 파리에 오픈한 '봉 마르셰(Bon Marché)'라고 합니다. 봉 마르셰가 발안한, 신분을 묻지 않는 자유 입점과 정가 명시, 대량 진열, 반품 자유, 현금 판매, 철저한 박리다매 방식, 주목 상품 도입, 바겐세일 실시 등은 빅토리아 시대의

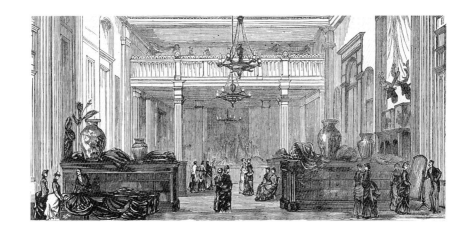

영국 사람들에게도 충격을 주었습니다. 그때까지는 카탈로그를 보고 주문하고, 신용 대출로 구매하는 것이 기본이었기 때문입니다.

다양한 상품을 지붕 하나 아래에 모아 진열하는 백화점의 아이디어는, 1851년 런던에서 개최된 만국박람회(192페이지 참조)의 전시 방법에서 힌트를 얻었다고 합니다. 상업이라는 오래된 개념을 아득하게 초월하는 '백화점'이 영국에도 탄생했고, 제대로 뿌리를 내린 후 엔터테인먼트 시설로 발전하게 되는 것입니다.

영국 최초의 백화점에 대해서는 여러 가지 설이 있는데, 런던 서쪽 교외의 웨스트본 그로브(Westbourne Grove)에 1863년 창업한 '화이트리즈(Whiteleys)'를 먼저 드는 모양입니다. 개업 당시부터 급속도로 판매 품목을 늘려서 백화점화하기 시작합니다. 화이트리즈는 현재도 쇼핑센터로 존속하고 있습니다.

일본에서도 이름이 알려진 '해로즈(Harrods)'는 1834년 차를 취급하는 소매점으로 시작했습니다. 1883년 점포에 화재가 난 것을 계기로, 새로운 점포를 만들고 업무를 확대해 대형 백화점이 되었습

니다. 1898년에는 점내에 영국 최초로 에스컬레이터를 설치해 화제를 모았습니다.

일본이나 동양에서 온 직물이나 장식품을 취급하는 셀렉트숍을 기초로 1875년에 개업한 '리버티(Liberty)'도 처음에는 작은 점포였지만, 사업을 확대하면서 주변의 물건들을 사들이면서 백화점화하였습니다. 도자기, 부채, 칼, 칠기, 깔개, 은제품 등 일본의 일용잡화를 취급하면서 중산계급층에서 폭발적인 매출을 보여주었습니다. 하지만 일본 제품은 수입품이라 고가가 되어버리기에, 리버티는 영국에서 저렴한 가격의 인쇄물 등도 이용해 더욱 많은 사람이 구입할 수 있는 상품을 개발해나갔습니다.

백화점은 멀리 외출할 기회가 적은 여성들이 가고 싶은 장소로

콧수염은 신사의 상징. 아름답게 치장한 아내와 함께, 이제부터 외출하려는 걸까요(The Man Who Did What He Liked / 1855년판).

가장 먼저 손에 꼽게 되었습니다. 주말이 되면 교외에서 철도로 방문하는 가족 단위 손님으로 붐볐습니다. 1860년대 후반부터는 백화점 안의 재봉소에서 주문한 옷에 백화점의 이름이 들어간 태그를 달아주는 서비스도 시작되었고, 이러한 옷을 입는 것은 중산계급의 스테이터스(Status, 사회적 지위를 나타냄-역자 주)가 되었습니다. 하지만 상류계급 사람들은 이러한 백화점 쇼핑을 경원시했습니다. 그들이 이용하는 것은 옛날과 마찬가지로 단골 상인 또는 전문점뿐이었습니다.

피크닉 중에도 티타임은 빼놓을 수 없습니다. 일상적이지 않은 야외에서 어떤 대화가 이루어졌을까요(The Illustrated Sporting and Dramatic News / 1885년 9월 19일).

피크닉의 유행

휴일에 빼놓을 수 없는 즐거운 행사 중에 '피크닉'이 있습니다. 도심과 가까운 장소에 사는 빅토리아 시대 사람들은 공해 문제로 골치아파 하는 경우가 많았고, 커다란 정원, 풍요로운 자연에서의 힐링을 원했습니다. 그런 욕구를 손쉽게 채워주는 것이 피크닉입니다.

커다란 나무 아래에서 피크닉을 즐기는 가족. 약간 떨어진 곳에서는 아버지로 보이는 인물의 지시로 남자 아이들이 홍차용 물을 끓이고 있습니다(Tea in The Woods / 1884년판).

피크닉의 목적은 '집 밖에서 식사를 하면서 하는 사교'였습니다. 개최 장소로 정해진 곳은 없었고, 숲이나 공원, 자택 정원 등에서도 열렸습니다. '하이킹'과 혼동하기 쉬운데, 하이킹은 풍경이나 경치를 즐기면서 걷는 것을 목적으로 하는 가벼운 스포츠로 여겨지던 것이었습니다.

자연 속에서의 피크닉은 도심에서 사는 사람들이 개방감에 빠져들 수 있는 한때였습니다(Luncheon on The Grass / 1893년판).

피크닉은 17세기 후반부터 먼저 상류계급 사이에서 붐이 일고, 그 후 19세기 후반에 중산계급들도 즐길 수 있게 되었습니다. 철도의 개통으로 교외로 편하게 외출할 수 있게 되자, 런던 근교의 '오픈 스페이스'라 일컬어지는 곳이나 뱃놀이를 겸한 강변도 피크닉 명소가 되었습니다. 루이스 캐럴(Lewis Carrol, 1832~1898)의 『이상한 나라의 앨리스(Alice's Adventures in Wonderland)』(1865년)는 강변에서의 피크닉이 이야기의 탄생 배경이라고 합니다. 찰스 디킨스의 『두 도시 이야기』(1859년), 『위대한 유산(Great Expectations)』(1861년)에도 피크닉이 등장합니다. 빅토리아 시대는 일자리를 찾아 대도시로 인구가 집중된 시대입니다. 가끔 휴일에 맑은 공기를 마시고, 풍부한 자연을 접하는 것은 일상에 활력을 주었습니다.

피크닉의 먹거리

피크닉은 야외에서 숙박하는 '캠핑'이 아니기 때문에, 조리해야 하는 음식은 피했습니다. 불을 사용하는 것은 차를 우리기 위해 물을 끓일 때뿐. 그 이외의 먹거리는 전부 집에서 만들어서 가져왔습니다. 『비튼의 가정서』 2149번과 2150번에, 40명을 대상으로 한 피크닉용 메뉴가 게재되어

피크닉용 바구니. 두 사람이 차를 즐기기 위한 도구가 세팅되어 있습니다(The Il-lustrated London News / 1898년 8월 6일).

이저벨라 스타일 2149번 피크닉의 식사 메뉴

식힌 뼈 있는 로스트피그, 삶아서 둥글게 잘라 식힌 소고기, 새끼양 갈비살 2개, 새끼양 앞다리 고기 2개, 닭고기 찜구이 4마리 분량, 오리 찜구이 2마리 분량, 햄 1개, 혓살 1개, 저민 새끼양 고기와 햄 파이 2개, 비둘기 파이 2개, 중형 랍스터 6마리, 송아지 머리 1개, 양배추 18개, 샐러드 6그릇, 오이 6개

이저벨라 스타일 1256번 캐비닛 또는 챈슬러즈 푸딩

<small>(케이크나 빵을 층층이 쌓아서 만드는 영국 전통 후식-역자 주)</small>

재 료 | 필 설탕 절임 1과 1/2온스, 커런트 4온스, 설타나(Sultana, 씨가 없는 흰 포도 또는 이것으로 만든 건포도-역자 주) 4다스, 사보이케이크, 스펀지케이크, 롤케이크 2~3조각, 계란 4개, 우유 1파인트, 레몬 슬라이스, 육두고 1/4, 설탕 3큰술

만드는 법 | 버터를 부드러운 페이스트 상태로 만들고, 푸딩 틀 전체에 기름을 잘 바릅니다. 틀 바닥에 얇게 슬라이스한 필, 커런트와 설타나를 채웁니다. 그 위에 사보이케이크 또는 롤케이크 슬라이스를 얹고, 녹인 버터를 몇 방울 떨어뜨린 후에 커런트를 뿌리고, 또 스펀지…를 반복해 틀이 거의 가득 채워질 때까지 층을 만듭니다. 육두구와 레몬으로 향을 낸 우유에 설탕과 계란을 풀어 잘 섞은 다음, 틀이 가득 채워질 때까지 붓습니다. 버터를 칠한 종이로 틀을 덮고, 끈으로 묶어서 그대로 2시간 재워둡니다. 그 후 틀을 천으로 감싸 끓는 물에 넣어 1시간 동안 삶습니다. 천을 들어 올려 몇 분 식힌 다음 벗겨냅니다. 천을 벗겨내면 재빨리 틀에서 푸딩을 꺼내고, 달콤한 소스를 뿌려 먹습니다.

있습니다. 이것은 각각의 집에서 가져오는 음식물이 비슷비슷해져 버리는 경우가 많았기 때문에, 대표자 한 사람이 메뉴 리스트를 만들고, 각 가정에 분배하거나 또는 대표자의 가정에서 전부 만들었기 때문인 것으로 보입니다. 아무튼 한 번에 수많은 사람과 사교 모임을 가졌던 것입니다.

피크닉을 갈 때는 조미료도 지참했습니다. 서양 고추냉이(Horse-radish, 호스래디시), 민트 소스, 비니거(Vinegar), 머스터드, 후추, 소금, 고급 기름, 고운 설탕은 필수였던 모양입니다. 그리고 당연히 그릇, 글래스(텀블러, 와인 글래스 등 각종 잔), 나이프, 포크 등도 지참합니다. 『비튼의 가정서』에는 '찻잔, 찻주전자, 각설탕, 우유도 잊지 말 것'이라고 적혀 있습니다(커피는 끓이는 방법이 어렵기 때문에 피크닉에는 적합하지 않다고 명기되어 있습니다). 플라스틱이 없었던 시대이기 때문에, 식기는 전부 도자기였습니다. 휴대할 물품이 많아서 식기를 주의 깊

이저벨라 스타일 2150번 피크닉의 디저트 메뉴

컴포트(과일을 설탕으로 절인 것) 병조림, 컴포트와 곁들일 비스킷 3~4 다스(Dozen, 12개짜리 묶음-역자 주), 과일을 넣은 파이 2다스, 치즈 케이크 4판, 캐비닛 푸딩 2개, 블랑망즈(Blancmange, 푸딩의 일종-역자 주), 잼, 플럼 푸딩 1개, 신선한 과일 몇 통, 플레인 비스킷 3다스, 치즈 1개, 버터 6파운드, 식빵 4근, 롤빵 3다스, 플레인 플럼 케이크 2판, 파운드케이크 2개, 스펀지케이크 2판, 믹스 비스킷 한 통, 홍차 1/2 파운드

게 다룰 필요가 있었기에, 이러한 피크닉에는 당연히 하인, 그리고 남자의 힘이 필요했습니다.

식어도 맛있는 과자는 피크닉의 인기 메뉴가 되었습니다. '캐비닛 푸딩'(154페이지 참조)도 그중 하나입니다. '캐비닛 푸딩'은 직역하면 내각(內閣)의 푸딩, 다른 이름인 '챈슬러즈 푸딩'도 대신(大臣)의 푸딩을 의미합니다.

유래는 원래 이 푸딩이 국회의사당의 식당에서 제공되었기 때문입니다. 19세기 전반까지는 슬라이스한 빵을 사용하는 레시피가 많았지만, 빅토리아 시대에 빵에서 스펀지케이크라는 고급 재료로 변화해 정착되었습니다. 자택에서 남는 스펀지 생지(구우면 빵이 되는 반조리 상태의 밀가루 반죽-역자 주)를 이용해 만들 수 있기 때문에, 현재도 영국 가정에서 즐기는 요리입니다.

야외에서 도움이 되는 가정의학

『비튼의 가정서』에는 모기나 벌에 쏘였을 때 등 피크닉이나 하이킹 같은 야외 활동 중에 일어나기 쉬운 트러블에 대처하는 방법도 기재되어 있습니다. 목이나 눈을 찔렀을 때 등 곧바로 병원에 가야 하는 사례 이외에는, 가족의 안전을 지키는 가정 닥터 역할은 여주인의 몫이었습니다. 타박상이나 찰과상, 베인 상처에 대한 대처 방법 등 가정에서 할 수 있는 적절한 치료의 기초지식이 요구되었습니다.

피크닉 중에 곰이 놀러 온다면… 이건 포기할 수밖에 없을 것 같습니다
(The Illustrated London News Summer Number / 1894년판).

　벌에 쏘였을 경우의 대처 방법은 우선 침이 남아 있을 때는 침을
빼냅니다. 그리고 잘게 부순 석회와 올리브유를 섞어 만든 연고를
꼼꼼하게 바른다고 되어 있습니다. 물론 연고 등 간단한 치료약을
만들어 상비하는 것도 여주인의 일이었습니다. 참고로 야외 활동
중 가장 위험한 사고는 뱀에 물리는 것이었습니다. 뱀은 독을 지닌
경우도 많아서 굉장히 위험하기에, 빠른 치료가 필요했습니다.
　당시 가정 의료에는 허브가 많이 쓰였습니다. 이저벨라도 요리만
이 아니라 병이나 상처를 치료할 때도 허브를 자주 사용했습니다.
　『비튼의 가정서』 1818번에는 감기 예방을 위한 엘더로 만든 과일
주 레시피가 게재되어 있습니다. 엘더 열매를 9월에 채취하고, 발효

LIME JUICE CORDIAL

 피크닉 중 러그 위에 출현한 뱀 때문에 아연실색하는 여성. 『비튼의 가정서』에는 뱀에 물렸을 때의 대처 방법에 대해서도 적혀 있습니다(The Aldine / 1871년 11월).

 (왼쪽) '라임 주스 코디얼(Lime Juice CORDIAL)은 맛있고 상쾌하고 건강하다'라는 선전 문구를 내세워 판매되었습니다(The Illustrated London News / 1898년 4월 2일).

시켜 자가제 과일주를 만들어 보존합니다. 과일이 적어지는 한겨울에 감기 예방용으로 활용한 것입니다. 엘더 열매로 만든 이 과일주와 함께 '엘더 코디얼(코디얼이란 과일이나 허브를 농축해 만든 비알코올 음료를 말함)'이라 불리는 엘더 꽃으로 만든 시럽도 영국인의 생활에서 빼놓을 수 없는 음료입니다.

이저벨라 스타일 추천 허브 일람

민트(Mrs. Beeton's Book of Household Management / 1888년판)

세이지(Mrs. Beeton's Book of Household Management / 1888년판)

● 타임(Thyme)

모로코, 지중해 연안이 원산지인 꿀풀과의 여러해살이 풀입니다. 상쾌한 향기를 지녔으며, 효능은 진통, 기침 완화, 해열, 정장, 소화 촉진, 체력 회복 등입니다. 고기 요리나 생선 요리에 향신료로 사용됩니다. 가정서에도 요리에 다수 사용되고 있다고 적혀 있습니다.

● 페퍼민트(Peppermint)

지중해 연안, 미국이 원산지인 꿀풀과의 여러해살이풀 입니다. 청량감이 있는 상쾌한 향기가 특징으로, 진통 작 용을 하며 살균 효과 등이 있습니다. 위통에도 효과적입 니다. 가정서에는 치통에 효과가 있다고 소개되어 있습 니다.

● 로즈마리(Rosemary)

스페인, 지중해 연안 지방이 원산지인 꿀풀과의 여러해 살이풀입니다. 청량감이 있는 향기가 특징으로, 미용, 혈 행 촉진, 정신 안정 등의 효과가 있습니다. 가정서에는 요리에 사용하는 것 이외에도, 머리를 감을 때 추천하는 허브로 소개되어 있습니다.

● 엘더(Elder)

유럽, 서아시아, 북아프리카가 원산지인 꼭두서니목 인 동과의 식물. 진통, 해열, 발한, 염증 등에 효과적입니다. 차로 끓이면 달콤함이 돋보이는 릴랙스할 수 있는 맛이 됩니다. 가정서에서는 와인, 코디얼로 사용됩니다.

● 캐모마일(Chamomile)

이집트가 원산지인 초롱꽃목 국화과의 한해살이풀. 그 리스어로 '대지의 사과'를 의미하는 단어가 어원입니다. 오래전부터 약으로 이용되었으며, 효능은 진정과 해열, 발한, 불면 해소 등을 들 수 있습니다. 또 소염 효과를 지 녀 가정서에서는 습포로 사용되고 있습니다.

● 세이지(Sage)

유럽 남부, 지중해 연안이 원산지인 꿀풀과의 여러해살 이풀입니다. 구내 세정, 건위(위를 튼튼하게 하여 소화 기능을 강화하는 것-역자 주), 소화 불량, 갱년기 장해 등에 효과적 입니다. 잎은 주로 차나 고기 요리 조리, 방충·방부제 등 에 이용됩니다. 가정서에도 요리에 많이 쓰이는 것으로 돼 있습니다.

스포츠를 즐기다

1880년경부터, 피크닉 장소까지 시원하고 씩씩하게 자전거를 타고 달려오는 여성들의 모습을 볼 수 있게 됩니다. '사이클링 붐'이 일어난 것입니다. 영국 남성들은 옛날부터 차분하고 쓰러질 것같이 마른, 지켜주고 싶어지는 여성을 이상형으로 생각해왔습니다. 19세기 전반까지, 스포츠는 이상적인 여성상에 역행한다고 생각되었습니다.

그렇기 때문에 여성들의 운동은 '산책', '댄스'가 주류였습니다. 19세기 중반부터 대두된 중산계급의 남성이 스포츠에 열중하게 된 이후에도, 여성은 예쁘게 차려입고 승마나 보트 레이스, 크로케(야외에서 나무망치와 나무공을 이용하는 구기 경기-역자 주) 등의 시합을 관전하는 정도 외에는 허용되지 않았습니다.

하지만 코르셋 폐지론 등 여성의 '자유'를 호소하는 목소리가 강해지면서, 드디어 자전거를 타는 여성까지 나타나게 된 것입니다. 1894년에 런던에서 '뉴 우먼(New Woman)'이라는 제목의 극이 상연되었습니다.

극 중에 등장하는 신시대 여성을 상징하는 아이템은 '문 열쇠', '자전거', '담배'. 열쇠는 남편의 허가 없이 외출할 수 있는 입장을, 자전거는 건강한 육체를, 그리고 담배는 남성과 동등한 입장을 의미했습니다.

빅토리아 시대에 유행한 여성의 스포츠

크로케(Croquet)

영국에서 시작된, 잔디 위에서 하는 스포츠로서 일본에서 많이 하는 게이트볼의 원형입니다. 맬릿(나무망치)을 사용하는 것이 특징입니다. 여성도 하기 쉬운 스포츠로 인기를 모았습니다. 루이스 캐럴의 『이상한 나라의 앨리스』에는, 앨리스가 트럼프 여왕과 함께 플라밍고를 맬릿 대신 사용해 크로케를 하는 장면이 있습니다(The Illustrated London News / 1871년 8월 5일).

사이클링(Cycling)
사이클링은 오랫동안 여성의 신체에는 좋지 않은 스포츠로 여겨져왔습니다. 하지만 19세기 말 '여성 해방'의 심볼이 되어 크게 유행합니다. 여성용 사이클링 재킷, 블루머 등의 패션까지 등장했고, 패션 잡지 등에서도 다루게 되었습니다(The Illustrated London News / 1895년 7월 20일).

당구(Billiard)
당구는 14세기경 프랑스에서 시작되었다고 합니다. 야외에서 하던 것이었지만, 실내의 상 위에서 즐기는 스포츠가 되었습니다. 상아로 만든 볼을 사용했기 때문에 상류계급을 중심으로 즐겼고, 중산계급의 가정에서는 당구대를 소지하는 것이 신분을 과시하는 상징이었습니다. 움직임이 적고 지적인 스포츠로서, 여성들에게도 퍼졌습니다(The Illustrated London News / 1886년 8월 21일).

배드민턴(Badminton)

원형은 인도의 구슬치기 놀이인 '푸나(Poona)'로, 인도에서 돌아온 영국인 장교들에 의해 퍼지게 되었습니다. 1873년 보퍼트 공작의 사저 배드민턴 하우스에서 열린 파티의 여흥으로, 샴페인 마개에 새 깃털을 달아 테니스 라켓을 휘둘러 서로 치면서 놀았던 것에서, 이 스포츠는 '배드민턴'이라 불리게 되었습니다. 계속 치는 횟수를 경쟁하는 스포츠였기 때문에 여성에게도 인기가 있었습니다(The Graphic / 1874년 4월 25일).

볼링(Bowling)

볼을 굴려 핀을 쓰러뜨려 재앙에서 도망칠 수 있다는 기원전의 종교적인 의식에서 시작되었습니다. 17세기 미국에서 10개의 핀을 쓰러뜨리는 텐 핀즈 볼링 룰이 탄생했고, 영국에도 퍼졌습니다. 여성용의 가벼운 볼도 보급되었습니다(The Graphic / 1872년 10월 19일).

테니스(Tennis)

테니스는 잔디(lawn, 론) 코트에 네트를 치고 하기 때문에, 론 테니스라 불렸습니다. 달리는 일이 적고, 격렬한 움직임이 없기 때문에 여성스러운 드레스를 입은 여성도 가능한 스포츠로 인기를 모았습니다. 테니스를 즐기는 것은 중산계급 신분임을 드러내는 것이었으며, 『전망 좋은 방』에도 테니스를 치는 장면이 다수 등장합니다(The Illustrated London News / 1886년 8월 21일).

낚시(Fishing)

낚시는 옛날부터 건강에 좋은 스포츠로 여겨져왔습니다. 물고기가 낚이지 않는다 해도, 자연과 접하며 신선한 공기를 마시는 것만으로도 좋다고들 했습니다. 보트 위에서 낚시를 즐기는 커플 모습도 자주 볼 수 있었습니다(The Illustrated Sporting and Dramatic News / 1884년 8월 9일).

증기선으로 해협을 넘다

　19세기 전반까지는 일요일만 쉬는 것이 주를 이루었지만, 1867년 토요일 반일 휴가제가 만들어지고, 주 2일 휴일제가 실현됩니다. 그리고 1871년에 은행 휴가법(Bank's holiday)과 부활절이나 크리스마스 기간에 1~2주일 정도의 장기 휴가를 주는 직장도 많아졌습니다.

　또 중산계급 사이에서는 상류계급의 우아한 라이프 스타일을 모방해 여름 행사로 2~3주일간 해외나 해안에서 휴가를 보내는 것이 스테이터스 심볼로 정착되었습니다. 이렇게 충실한 휴가를 만들어 준 일등 공신이 바로 증기선과 철도의 발달이었습니다.

　런던에서는 1830년대부터 템스강에 증기선이 정기적으로 운행

베네치아 바다에서 증기선을 타고 휴가 중인 사람들. 아름다운 경치를 바라보며 즐기는 티타임은 힐링되는 시간이었습니다(The Graphic / 1889년 12월 7일).

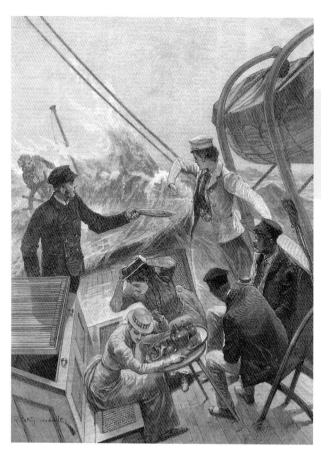

되었고, 사람들의 일상의 다리로서 이용되었습니다. 하지만 1850년 이후, 철도의 보급으로 증기선을 타는 사람이 감소했습니다. 게다가 지하철의 탄생으로 1860년대에는 그 역할을 마치게 됩니다. 작은 증기선은 쇠퇴했지만, 반대로 대형화된 증기선은 해외로 가는 교통수단으로 발전했습니다. 1837년에 진수한 '그레이트 웨스턴호'는 1838년에 브리스틀에서 뉴욕까지 15일간 항해해 갈채를 받았습니다(출항 전에는 증기선이 대서양을 횡단할 수 있는지 불안해하는 사람이 많았고, 최초의 승객은 50명으로 그 외에는 대량의 화물이었습니다).

이런 대형 증기선의 선내에는 호화로운 가구와 침대도 준비되어 있어서 상류계급, 그리고 중산계급의 여행 붐을 한층 더 거세게 했습니다. 1880년대 후반에는 미국으로 가는 항해 일수가 5일로 단축되었습니다. 대형 증기선으로 편하게 해협을 횡단할 수 있게 되자, 도버에서 프랑스까지 다니는 정기선도 운행을 개시합니다. 파리의 패션을 동경하던 여성들이 직접 현지에서 최신 모드의 옷을 구입하는 것도 가능해져 큰 환영을 받았습니다.

비튼 부부는 『비튼의 가정서』 출판 후 1864년에 증기선을 이용해 해협을 건너 프랑스를 경유해 독일을 방문했습니다. 독일에서는 베를린, 포츠담, 드레스덴, 그리고 마이센에도 들렀습니다. 신혼여행 이외의 해외여행은 중산계급에서는 사치였으나, 이저벨라와 새뮤얼은 잡지 취재도 겸한 여행을 즐겼고, 포츠담의 상수시(San Souci) 궁전 정원에서 홍차를 즐겼던 모양입니다.

철도의 발전

증기선과 함께 철도도 빅토리아 시대의 교통 발전에 공헌했습니다. 철도는 1830년 리버풀과 맨체스터 간에 처음으로 개통되었습니다. 개통 당초에는 철도의 안전성에 대해 불안해하는 국민도 많았지만, 1842년 빅토리아 여왕 부부가 특별 열차로 윈저에서 런던의

패딩턴역까지 25분간 승차했고, "무척 쾌적했다"고 말한 것이 널리 보도되면서 열차가 편리하고 안전한 탈것이라 여겨진 모양입니다. 19세기 후반에는 교외의 자택에서 도심의 오피스까지 철도로 통근하는 중산계급 남성도 늘었습니다. 이저벨라의 남편 새뮤얼도 피너의 자택에서 런던의 스트랜드까지 매일 철도로 통근했습니다.

철도망이 도심만이 아니라 지방까지 확대됨으로써 멀리까지 이동하기 편해져 당일치기 피크닉이나 국내외 여행이 인기를 모았습니다. 이러한 여행 붐은 여성에게도 열차를 탈 기회를 주었습니다. 『피터 래빗 이야기(The Tale of Peter Rabbit)』(1902)의 작가인 베아트릭

"Would you object to my smoking a cigarette?"

"Certainly not, providing they are OGDEN'S GUINEA GOLD."

철도의 발달로 여행 붐이 일었습니다. 장거리를 여행하는 열차 안에서는 잡지나 책은 빼놓을 수 없는 존재가 되었습니다(The Illustrated London News / 1900년 9월 15일).

차 안의 식당칸 모습. 장거리를 달리는 열차에는 이처럼 식당칸이 갖춰지게 되었습니다(The Graphic / 1893년 7월 15일).

스 포터(Beatrix Potter, 1866~1943)도 어렸을 적에 여름이 되면 부모님과 함께 철도를 이용해 스코틀랜드나 호수 지방을 방문했습니다. 비튼 부부도 열차와 증기선을 타고 아일랜드까지 여행했습니다. 당시 여성의 대부분은 여행 기록을 일기로 남겼습니다. 이저벨라도 물론 여행 기록을 남겼습니다.

해수욕

빅토리아 시대의 리조트 지역으로 주목을 받은 것이 항구마을 브라이턴이었습니다. 브라이턴은 옛날 브라이트헬름스톤이라는 이름의 작은 어촌이었습니다. 의학박사 리처드 러셀(Richard Russel,

유행하는 여성용 수영복 카탈로그. 피부를 절대 노출하지 않는 수영복이 주류였습니다(Ladie's and Children's Bathing Suits / 1873년판).

해변에서의 리조트는 신분 과시의 방편이었습니다. 여성과 아이들만 그려져 있는 점에서, 이 해안이 여성 전용이었음을 엿볼 수 있습니다(A Seaside / The Illustrated London News / 1890년 8월 30일).

1687~1759)이 '염수와 염분을 포함한 공기가 건강에 무척 좋다'고 해수욕을 추천하는 책을 1753년에 출판하면서, 브라이턴은 사람들의 주목을 받게 됩니다. 조지 4세(1762~1830)는 황태자 시절부터 브라이턴을 편애했고, 동양 취향을 반영한 여름 별궁 로열 파빌리온을 이곳에 건축했습니다. 19세기 초에는 왕족과 상류계급 사람들이,

웨일스 지방 카마던만에서 리조트를 즐기는 사람들. 물가에는 수많은 베이징머신이 늘어서 있습니다(ST. Cathrine's Rock and Fort / 1895년판).

그리고 19세기 후반이 되면서 철도의 보급으로 중산계급 사람들도 계속해서 브라이턴을 방문하게 되었습니다.

철저한 금욕주의가 지배했던 빅토리아 시대였던 만큼 1880년대까지 남성과 여성이 함께 바다에서 헤엄치는 것은 피했습니다. 또 해수욕이라지만 가능한 한 피부를 보여주지 않고 물속에 들어가는 것이 여성의 몸가짐으로 여겨졌습니다. 여성들은 베이징머신이라 불리는 이동식 탈의실 안에서 수영복으로 갈아입고, 베이징머신째로 바다로 가서 남의 눈에 띄지 않도록 물속으로 들어갔습니다.

베이징머신은 밖에서 훔쳐보지 못하도록, 높은 곳에 작은 창 하나가 있을 뿐이었습니다. 내부는 결코 편안하다고 할 수는 없었던 모양이지만, 이 이동식 탈의실 덕분에 여성들은 처음으로 해수욕 체험을 만끽할 수 있었던 것입니다. 수영복 차림을 남에게 보여주는 일은 적었으나, 패션 잡지에는 수영복 특집도 여럿 실렸던 모양입니다.

1847년, 빅토리아 여왕도 이 베이징머신을 이용했고, 그 체험담을 이렇게 표현했습니다. '하인과 함께 해변에 가서, 베이징머신 안에서 옷을 벗고, 난생처음으로 바다에 들어갔습니다. 시중을 드는 굉장히 아름다운 여성이 도와주었습니다. 무척 유쾌한 체험이었지만, 물속에 들어갔더니 숨이 막혀 죽을 뻔했습니다.'

이런 휴가를 통해, 여성들은 가족과 친구들과의 인연을 돈독히 했습니다.

제6장
여주인의 교양

가정 초대회, 여름휴가를 통해
친교를 돈독히 한 친구들과의 다음 스텝은,
저녁부터 밤에 걸쳐 이루어지는 접대였습니다.
초보 여주인에게 이러한 장시간의 접대는 커다란 과제가 되었습니다.

하이 티

　빅토리아 시대에는 오후 가정 초대회를 거쳐 저녁, 밤… 이런 식
으로 늦은 시간의 식사를 함께하는 것이 더욱 친밀한 관계를 드러
내는 기준으로 여겨졌습니다. 디너 전 단계의 접대로 활용된 것이
'하이 티'입니다.

10인분 하이 티 세팅 예(Mrs. Beeton's Book of Household Management / 1893년판).

　하이 티는 원래 북잉글랜드, 스코틀랜드의 농촌 지대에서 하루 10시간 노동을 강요당하던 사람들이 집으로 돌아온 후 바로 저녁을 먹을 수 있도록 미리 만들어둔 식사와 차로 가벼운 저녁 식사를 했던 것이 기원이 됐다고 합니다.

　중산계급 사람들 사이에서는 '손님을 접대하는 식사를 겸한 차 시간'이라는 인식으로 활용되었습니다.

　하이 티는 특히 일요일 밤의 접대에 활용되는 경우가 많았던 모양입니다. 일요일은 하인을 교회에 보내고, 경우에 따라서는 일부 하인을 가족에게 보내주는 고용주도 있었습니다. 그렇기에 일요일 밤에 손님을 초대할 경우에는 하인의 힘을 가능한 한 빌리지 않아도 되는 '하이 티'가 선택되었던 거겠죠. 『비튼의 가정서』를 편집한 이저벨라는 '하이 티의 시간은 디너보다 엄격하지 않은 시간'이라 했습니다. 하이 티는 젊은 세대 사람들에게는 스포츠를 한 후에 같이 즐길 수 있는 주말의 식사 스타일로 환영받았습니다.

　1888년판 『비튼의 가정서』 3200번에는 하이티 메뉴가 게재되어

파티 다음 날 아침, 하인은 평소 이상으로 빨리 일어나야 했습니다(The Graphic Christmas Number / 1875년 12월 25일).

있습니다. 따뜻한 음식이 1~2종류, 미리 만들어둔 차가운 요리가 몇 가지, 샐러드, 몇 종류의 케이크, 커스터드나 크림을 곁들인 과일 타르트, 신선한 과일 등으로 디너에 비하면 만들어둘 수 있는 메뉴가 많다는 것을 알 수 있습니다. 먹는 순서는 따뜻한 음식부터. 디저트와 함께 즐기는 홍차나 커피는 메인 테이블 옆의 사이드 테이블에 준비되었습니다. 고기 요리는 두 종류 정도가 보통이었는데, 남성 손님이 많고 고기 요리 숫자가 늘어날 경우에는 '헝그리 티'라는 이름으로 불리기도 한 모양입니다.

이러한 하이 티 다음 날, 하인은 평소 이상으로 방 청소에 시간을 들여야만 했습니다. 여주인이 일어나기 전에 식당을 구석구석까지 청소합니다. 이저벨라는 '카페트 청소를 하기 전에 찻잎을 뿌려두면 먼지를 모으기 쉽고, 방에도 은은한 향기가 남는다'며 권했습니다.

가족들이 모여 저녁 식사를 하는 도중, 신문을 읽던 여성이 놀라 소리를 지릅니다. 난로에서 크럼펫을 데우던 소녀는 크럼펫을 떨어뜨리고, 주전자의 물을 찻주전자에 따르던 남성은 뜨거운 물을 엎지르고 말았습니다(The Illustrated London News / 1861년 12월 21일).

패밀리 티

손님이 없는 오후 5~6시의 식사를 겸한 티타임은 1888년판 『비튼의 가정서』 3201번에 '패밀리 티'로 소개되어 있습니다. 메뉴는 정어리나 고기 통조림 등의 보존식, 버터케이크, 티케이크, 과일, 버터를 곁들인 빵, 홍차, 커피 등. 이런 간소한 내용의 패밀리 티는 특히 사람 수가 많은 가족에게 환영을 받았습니다.

좀 더 늦은 시간인 저녁 6~7시 정도에 패밀리 티를 먹을 경우, 식사 메뉴는 더욱 가벼워져서 글래스 와인과 티케이크, 또는 맥주와 버터를 곁들인 빵만 나오거나 하게 됩니다. '티케이크'는 요크셔보다 북부지역에서는 과일이 없는 심플한 타입이, 남쪽 지역에서는 커런트·설타나·레이즌(Raisin, 건포도-역자 주) 등의 말린 과일을 넣는 것이 기본이었습니다.

이저벨라는 '가족과 저녁을 먹는 시간은 간단한 것이라 해도 무척 중요하다'고 말했습니다. 설령 여주인 혼자서 저녁을 먹는다 해도, 정해진 시간에 청결한 테이블보를 깔고, 지시한 요리가 순서대로 제공되는 것은 하인들에게도 좋은 훈련이 되었습니다. 사소한 트러블도 평소에 경험해두면 손님이 왔을 때 실수를 피할 수 있습니다.

이저벨라 스타일 1786번 티케이크

(케이크나 빵을 층층이 쌓아서 만드는 영국 전통 후식-역자 주)

재 료	소맥분 2파운드, 소금 1/2작은술, 버터 또는 라드 1/4파운드, 계란 1개, 이스트, 호두 큰 것 1개, 데운 우유
만드는 법	소맥분에 소금을 넣고, 버터를 섞어줍니다. 데운 우유에 이스트를 넣고, 잘 풀어둔 계란에 부어 매끄러운 페이스트 형태로 만듭니다. 거기에 소맥분을 더해 반죽합니다. 불 옆에서 데우고, 생지가 부풀어 오르면 케이크 모양으로 만듭니다. 생지에 커런트와 설탕을 넣어도 좋겠죠(이 경우에는 버터를 섞은 다음 넣습니다). 틀에 생지를 넣고, 오븐에서 20~30분 구워줍니다. 구운 후에는 식기 전에 버터를 발라 먹습니다. 시간이 흘러버렸다면, 토스트를 하면 좋을 겁니다. 우유나 물에 적신 다음 오븐으로 데우는 것도 추천합니다.

🍃 가계 관리

　가족끼리 매일 먹는 저녁 식사는 '절약'을 배울 좋은 기회이기도 했습니다. 『비튼의 가정서』 초판본의 16번에서 이저벨라는 지인 재판관의 말을 빌려 이렇게 표현했습니다. '벌이보다 많이 소비하는 사람을 부자라고 할 수는 없다. 지출이 수입을 넘지 않는 사람을 가난하다고 할 수는 없다'. 처음에는 완벽하지 않은 하인이라도, 여주인의 어드바이스를 받거나 관리하기에 따라서는 살림의 고수가 되기도 합니다. 우수한 하인이 있다 해도 전부를 하인에게 맡길 수는 없으므로, 여주인도 가계부를 쓰고 제아무리 소액이라도 지급해야 할 금액을 기입해둘 필요가 있었습니다.

돈을 세는 중인 여주인. 책상 위에는 자물쇠가 달린 금고, 그리고 가계부가 놓여 있습니다(The Graphic / 1886년 3월 8일).

빅토리아 시대에는 식재료 구입 시 그때그때 지불하는 것이 아니라, 월부(月賦, 값 또는 빚을 다달이 나누어 갚아가는 것. 할부-역자 주)제가 주류였습니다. 그렇기 때문에 한 달에 한 번 청구서의 금액을 체크하고, 가지고 있는 돈과 장부상의 금액이 일치하는지를 확인해야만 합니다. 하인이 가계를 제대로 운영할 수 있게 되었다면, 여주인은 그것을 제대로 평가해주는 것도 중요했습니다. 여주인의 신뢰는 하인의 자존심을 만족시키고, 능력을 더욱 발휘하게 하는 것과 이어졌습니다.

테이블 데커레이션

1888년판 『비튼의 가정서』 3060번에는 '테이블 데커레이션'에 대해서도 자세하게 언급되어 있습니다. 하이 티, 디너 등 식사를 제

『비튼의 가정서』에는 꽃을 꽂아둘 수 있는 용기는 꽃병으로 판매되는 것 이외에도 조개나 볼(Bowl, 반원 모양의 요리용 그릇-역자 주) 등을 추천하고 있습니다 (Mrs. Beeton's Book of Household Management / 1888년판).

NAUTILUS SHELL.　　　BOWL FOR ROSES.

공하는 접대 때에는, 여주인은 계절감이 있는 엘레강트한 테이블을 연출할 책무가 있었습니다. 가정서에서는 특히 꽃꽂이(Flower Arrangement)에 대해, '생화는 식사와 동등한 중요성을 지녔습니다. 여주인, 그리고 하인 모두가 꽃꽂이에 들일 시간과 기술이 없을 경우에는 플로리스트(Florist)를 임시로 고용합시다'라고 설명하고 있습니다.

정작 중요할 때 곤란한 일이 없도록 평소에도 집 안에 꽃이 끊이지 않게 할 것. 이저벨라는 가정서에서 '가능한 한 아침 식사 때부터 신선한 과일과 꽃은 빼먹지 말고 테이블 위에 둘 수 있도록'이라고 조언하고 있습니다. 비튼가를 이따금 방문했던 이저벨라의 여동생

설령 한 송이라 해도, 생화를 빠뜨리지 않는 것이 중요했습니다(Mrs. Beeton's Book of Household Management / 1888년판).

핑거 볼을 이용한 꽃꽂이. 물을 채운 볼에 작은 장미 잎과 고사리를 띄우고, 꽃병에는 장미꽃을 장식했습니다(Mrs. Beeton's Book of Household Management / 1888년판).

SPECIMEN TUBES.

FINGER GLASS AND SPECIMEN TUBE.

정원에 아름답게 핀 꽃으로 테이블을 장식하는 것은 사회적 지위를 드러내는 최고의 수단이었습니다(Pot-Pourri / 1870년판).

장미꽃으로 꽃꽂이를 하는 여주인. 하인이 활용 방법에 대해 조언을 해주고 있습니다(The Illustrated London News / 1883년 9월 1일).

은 '저녁 식사 때 항상 작은 꽃병에 꽃이 예쁘게 장식되어 있었다'는 일기를 남겨두었습니다.

매일 꽃을 구입하는 건 낭비와 직결될 수밖에 없습니다. 정도를 잘 판단해서 구입하고, 정원에 피어 있는 꽃 등도 이용해 유행을 의식하면서도 휩쓸리지 않도록, 자신만의 테이블을 연출하는 것이 중요했습니다. 젊은 주부들은 연장자들의 집을 방문할 때, 각각의 가정의 꽃 활용법, 꽃병의 배리에이션 등을 슬쩍 체크해 본보기로 삼았습니다.

여흥

1888년판『비튼의 가정서』3198번에는 '여주인은 수많은 손님을 받아들이고, 티타임을 엔터테인먼트성이 있는 것으로 연출해야만 한다'고 적혀 있습니다. 가정 초대회보다 디너와 가까운 접대 때는 손님이 따분하지 않도록 '여흥'도 필요했습니다. 가정서에는 '악기나 노래의 프로를 불러 여흥을 즐길 수 있게 한다'고 적혀 있지만, 그럴 여유가 없는 가정의 경우는 자신의 친구에게 의뢰하는 등의 대책이 필요했습니다. 여주인 자신이 음악에 교양을 지녔다면, 손님을 환영함을 나타내기 위해 우선 자신이 먼저 노래하거나 피아노를 연주합니다. 그때, 대화를 방해하지 않고, 그 후에 계속해서 여흥

파티 때 여주인은 스스로 피아노를 치면서 손님을 접대했습니다. 피아노는 중산계급 사람들에게 빼놓을 수 없는 교양이었습니다(The Illustrated London News / 1883년 10월 6일).

피아노와 바이올린을 합주하는 여성들. 자택에 손님을 초대했을 때는 직접 연주 장면을 보여주는 것이 매너였습니다(The Illustrated London News / 1883년 1월 6일).

으로 이어질 수 있도록 짧은 악구의 곡을 선택해야 했습니다.

상류계급 자녀의 소양으로 인식되었던 피아노는, 빅토리아 시대에는 중산계급 여성의 스테이터스(Status, 사회적 신분, 지위-역자 주) 심볼이 되었습니다. 이저벨라도 유학 시절에 피아노의 기초를 배웠고, 결혼 전에도 런던까지 피아노를 배우러 갔습니다. 빅토리아 시대에 결혼 전의 여성이 혼자서 외출하는 것은 도덕적으로 용납되지 않았기에 어머니와 함께 다녔습니다.

이저벨라가 피아노 레슨을 받는 중에 어머니는 소꿉친구였던 비튼의 집에서 기다리는 경우가 많았고, 이것이 계기가 되어 이저벨라는 새뮤얼과 만나 연애 관계가 된 것입니다. 비튼가에서는 결혼 축하 선물로 받은 하얀 피아노로 여흥을 즐겼습니다. 이저벨라의

청소를 하다 말고 피아노 연습을 시작하는 여주인. 이저벨라는 가정서에서 집안일과 취미의 양립에 대해 말했지만, 실제로는 양쪽을 모두 능숙하게 해내는 여성은 많지 않았던 모양입니다(The Pictorial World / 1876년 3월 18일).

피아노 실력은 프로급이라는 평가를 받았고, 손님들을 즐겁게 해주었던 모양입니다.

교양 있는 회화

하이 티, 디너처럼 몇 시간에 걸친 접대 때는 가정 초대회 때보다 더 친밀한 회화가 필요해집니다. 『비튼의 가정서』34번에는 여주인의 교양이 요구되는 시간은 식사가 시작되기 30분 전이라 적혀 있습니다. 이 30분을 어떻게 이겨낼 것인지에 따라, 여주인의 명예와 그날 파티의 성공 여부가 결정되는 것입니다. 다수가 모일 때는 초대 손님 전원이 정해진 시간대로 도착할지는 알 수 없습니다. 손님이 모이는 상황, 요리의 진행 정도, 하인의 움직임, 실내에 부족한 점은 없는지 등 이 30분 안에 파악·대처해야만 하는 것들이 산더미 같았습니다.

불의의 사태가 일어난다 해도, 여주인은 동요를 보여서는 안 됩니다. 하인들에게 적확한 지시를 내리면서 먼저 온 손님들에게 새로운 책이나 출석자 대부분이 흥미를 가질 법한 예술품에 대해 이야기하는 등 밝고 즐거운 대화 거리를 끊임없이 제공해야만 합니다. 배가 고픈 분들에 대한 대처도 필요하겠죠. 이 30분을 어떻게 꾸려나갈 것인지는 여주인의 역량에 달려 있었습니다.

교양을 갈고닦으려면

『비튼의 가정서』25번에는 사교의 설교를 예로 들어, 여가 시간에 교양을 갈고닦는 것이 얼마나 중요한지 적혀 있습니다. '여가는 마음을 다잡는, 큰 낫의 날을 연마하는 것과 같은 행위이다'. 즉, 날이 무뎌지지 않도록 마음을 갈고닦을 필요성이 있다는 것입니다. 대부분의 시간을 여가에 할애해버리면, 낫을 갈기만 하고 풀을 벨 시간이 없습니다. 결과적으로 정원의 잡초가 너무 크게 자라버리고 맙니다. 한편으로는 휴식을 취하지 않은 사람은 계속해서 풀을 벤다 해도 낫의 날을 갈아두지 않았기 때문에, 잘 베어지지가 않고 결과

가정서를 읽고 있는 여주인. 하지만 집안일은 제대로 되지 않았나 봅니다. 방에는 쓰레기가 널려 있고, 실내의 인테리어도 정돈되지 않았습니다(The Pictorial World / 1876년 3월 18일).

적으로 풀을 벨 수 없게 되고 맙니다.

가정서에서는 '하인들에게 지시를 다 내렸다면, 적절한 여가를 즐깁시다'라고 권하고 있습니다. 쇼핑, 독서, 정원 가꾸기, 악기 연습, 그림 그리기, 미술 감상… 자신이 좋아하고 열중할 수 있는 것에 시간을 할애하는 것입니다. 이저벨라는 '여주인으로서의 직무를 성실하게 수행하는 것과, 자기 자신의 인생을 즐기는 것은 양립이 가능하다'고 강력히 주장했습니다. 즐거움은 결국 교양이 되고, 자기 자신과 나아가서는 가족에게 도움이 되기 때문입니다.

교양은 단기간에 몸에 익힐 수 있는 것이 아닙니다. 이저벨라도 가정서 편집작업 중에는 더 교양 있는 연상의 부인의 의견을 참고한 모양입니다. 이저벨라가 처음에 정리한 요리 레시피는 그녀에게서 혹평을 들었습니다.

'요리는 수많은 경험과 오랫동안 배워서 습득할 수 있는 기술입니다. 하지만 당신에겐 그런 경험은 없겠죠. 그러니 무리하지 말고, 이미 출판되어 있는 우수한 요리책 중에서 이거다 싶은 레시피를 모은 걸 만드는 건 어떨까요. 인기 요리책의 개정판을 내는 것도 좋겠죠'. 이저벨라는 이 어드바이스를 기초로, 레시피를 처음부터 만드는 것이 아니라 이미 세상에 나와 있는 레시피를 시험하고, 알기 쉽게 다시 정리해 성공을 거두었습니다.

1,800점의 레시피를 만들어보고 편집에 관여하면서, 이저벨라의 요리에 대한 지식과 기술이 몇 년 사이에 엄청나게 향상되었으리라는 것은 쉽게 상상할 수 있습니다. 그렇지만 결과를 기대하고 교양을 갈고닦는 것은 상류계급 여성들에게는 어울리지 않는 것이라 여겨졌습니다. 오스카 와일드의 희곡 『이상적인 남편(An Ideal Husband)』(1895년)의 서두에는 상류계급 부인들이 어떤 저택의 파티에 참가할지 여부에 대해 이야기하고 있습니다.

마치몬트 부인 : 내가 이 집을 엿보는 건 교육받기 위함이에요.

바즐몽드 부인 : 어머! 난 교육받는 건 싫어요!

마치몬트 부인 : 나도 그래요. 교육받으면 상인계급 사람들하고 거의 같은 레벨이 되어버리잖아요. 그렇지 않나요? 하지만 말이죠, 거트루드 씨가 항상 이렇게 말씀하세요. 인생에는 뭔가 진지한 목표를 가져야만 한다고 말이죠.

만국박람회의 개요

빅토리아 시대 중산계급의 문화적인 생활 향상에 공헌한 것은 '만국박람회' 개최였습니다. 1851년 5월 1일, 런던의 하이드파크에서 공개된 철과 유리로 만든 근대 건축, 통칭 '수정궁(Crystal Palace)'에서 세계 최초로 만국박람회 오프닝 세리머니가 개최되었습니다. 만국박람회의 실행위원장인 앨버트 공이 개회에 이르게 된 경위를 보고한 후, 빅토리아 여왕이 개최를 선언했습니다. 5월 1일 첫날은 50만 명이 넘는 사람이 방문했고, 입장하지 못하고 대회장 주변에 남겨진 사람도 있었던 모양입니다.

입장자 숫자가 어느 정도 진정된 5월 말 월요일부터 목요일까지, 5실링인 입장 요금이 1실링으로 할인되었습니다. 평일에는 노동자 계급, 금·토요일에는 가족을 동반한 중산계급 사람들 등 만국박람회는 폭넓은 계급층이 몰려 번성했습니다. 개최 기간 중 총 입장자 수는 약 64만 명으로, 이 숫자는 당시 영국 총 인구의 약 3분의 1, 런던 인구의 3배에 해당했습니다.

이 정도의 사람들이 입장하게 된 배경에는, 인쇄 기술의 진보에 의한 선전 효과와 철도망의 발달로 대회장까지 가는 교통수단이 엄청나게 진보했다는 점 등을 들 수 있습니다. 이 만국박람회 때 지방에서 견학 투어를 팔기 시작한 것이 토머스 쿡(Thomas Cook, 1808~1892)입니다. 요즘으로 말하면 패키지 투어를 기획하고 관광 열차를 수배해 대규모 노동자들을 지방에서 런던으로 옮기는 '단체

수정궁이라는 애칭으로 친숙한 만국박람회 대회장(그림엽서 / 소인 1908년).

여행'이라는 새로운 형태의 산업을 구축했습니다.

만국박람회의 전시품

만국박람회에는 세계 34개국에서 총 약 10만 점의 작품이 전시되었습니다. 출전품은 광물·화학 약품 등의 '원료 부문', 기계·토목 등의 '기계 부문', 유리·도자기 등의 '제품 부문', '미술 부문(회화 제외)'으로 분류되었습니다. 대회장에서는 알코올 종류 판매는 금지됐습니다. 소프트 드링크 종류와 홍차가 준비되었고, 대회장은 오락과 동시에 진지한 학습의 현장으로서의 기능도 수행했습니다.

업자나 장인들에게도 최고의 견본 시장이 되었습니다. 우편 사업의 발달에 공헌한 '봉투제조기'는 그 후 곧바로 영국 국민의 생활

에 보급되었습니다. '장식용 시계', 호화로운 '도자기' 등 몇몇 제품은 중산계급 사람들을 매료시켰고, 생활에 흡수되었습니다. 사람들의 동경의 대상이었던 '피아노'는 놀랍게도 국내외를 포함해 약 90개 회사에서 전시하기도…. 수정궁 건축이 기폭제가 되어 중산계급에서는 '온실'을 갖추는 것이 부의 상징이 되기도 합니다.

만국박람회에서 화제가 된 도자기 회사를 몇 군데 소개하죠. 첫 번째 회사는 '민튼(Minton)'사입니다. 창업은 1793년. 빅토리아 여왕의 결혼 축하 파티에서 아침 식사용 세트를 제작한 것으로 여왕이 마음에 들어 하는 가마로 알려져 있었는데, 이것을 부동의 위치까지 끌어올린 것이 만국박람회였습니다.

개최일 전인 4월 28일, 여왕이 비공개 관람을 위해 대회장을 방문했습니다. 그때 여왕의 에스코트 역을 맡았던 것은 민튼사의 사장이었습니다. 여왕은 민튼사의 전시품인 아름다운 터쿼이즈 블루 컬러의 디저트 세트에 한눈에 반했고, 세트로 구입했습니다. 또한 이 만국박람회에서 민튼사는 이탈리아의 마졸리카(Majolica, 이탈리아에

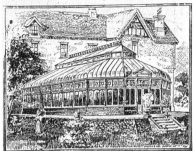

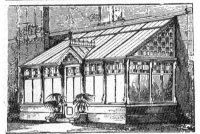

BOULTON & PAUL, LTD.
HORTICULTURAL **NORWICH.**
BUILDERS,
CONSERVATORIES
DESIGNED TO SUIT ANY SITUATION.

WRITE FOR CATALOGUE.

LEAN-TO CONSERVATORY.

(왼쪽) 빅토리아 시대에 덜튼사의 건축 재료로 지어진 빅토리안 고딕 양식 건물(2015년 런던에서 촬영).

(가운데) 런던에서 개최된 만국박람회의 티켓 판매장. 티켓을 사려는 사람들이 넘쳐나고 있습니다(Illustrated News / 1853년 7월 30일).

(오른쪽) 만국박람회 이후 대인기를 누린 온실 광고. 자택의 온실에서 차를 즐기는 것은 중산계급의 꿈이었습니다(The Illustrated London News / 1863년 2월 14일).

서 15세기에 발달한 석회질의 거친 도자기의 일종-역자 주) 굽기 방식의 복제품을 전시해 입상하게 됩니다. 마졸리카는 그 후 빅토리안 고딕 건축 재료나 인테리어의 일부로 중산계급 가정에서 활용되었습니다.

두 번째는 '헤렌드(Herend)'사입니다. 헝가리의 도자기 회사로, 역시 만국박람회로 명성을 얻었습니다. 헤렌드사는 원래 1826년 창업한 전사기법을 이용한 대량 생산으로 저가 도자기 제조가 목적인 회사였는데, 창업 직후 대규모 화재로 생산 능력을 잃고 말았습니다.

그 후에는 손으로 직접 그려 도자기를 만들고 있었는데, 역사가 짧은 탓에 유럽 대륙에서의 평가가 올라가지 않았습니다. 하지만 이 만국박람회에서 빅토리아 여왕이 헤렌드사의 꽃과 새 문양이 새

헤렌드사의 빅토리아
부케(2010년 헤렌드에서 촬영).

민튼사의 마졸리카
방식으로 만든 원숭이(2013
년, 스토크 온 트렌트에서 촬영).

겨진 아름다운 식기를 구입하면서, 영국의 상류계급과 중산계급이 주목할 표적이 되었습니다. 그때 여왕이 구입한 디자인은 현재 '빅토리아 부케'라는 이름으로 헤렌드사의 대표작이 되었습니다.

세 번째는 '덜튼(Doulton)' 사로, 1815년 도자기 회사로 창업했습니다. 초기에는 작은 잉크병이나 식품을 넣는 용기를 제조하는 일용 도자기 회사였습니다. 하지만 공장을 확대한 후는 수도관, 토관, 테라코타(점토로 구워낸 토기-역자 주)로 만든 화분, 침니 팟(Chimney Pot, 굴뚝 꼭대기의 통풍관-역자 주), 분수, 벽돌, 타일, 세면대, 변기 등 건축 자재까지 제조의 폭을 넓혔습니다.

이런 건축 자재는 기능성만을 중시해 심플하게 만들어지는 경우가 많았는데, 덜튼사는 예술성을 가미했습니다. 덜튼사의 독창성 있는 건축 자재는 만국박람회에서도 화제를

리즈에 생긴 박물관에서 미술품 감상을 즐기는 사람들(The Illustrated London News / 1868년 8월 8일).

모았고, 공공시설을 시작으로 이후 중산계급의 가정에도 보급되었습니다.

만국박람회의 공적 – 널리 퍼지는 문화시설

런던의 만국박람회는 대성공을 거두었고, 18만 파운드나 되는 이익을 올려 운영 면에서도 높은 평가를 받았습니다. 이후 만국박람회는 세계 각국이 참가하며 현재까지 계속되고 있습니다.

박람회 종료 후에도 철거하기는 아깝다는 목소리가 많았던 수정궁은 1854년 런던 남부 시드넘힐(Sydenham Hill) 정상으로 이설되었습니다. 새 수정궁은 면적을 확대하고 식물원, 박물관, 콘서트홀, 쇼핑센터 등을 지닌 거대한 시설로 다시 태어났고, 시민들의 휴식 장소, 오락 장소로서 친숙한 곳이 되었습니다. 빅토리아 여왕과 앨버트 공 부부도 때때로 이곳을 방문했습니다. 그리고 멀리 일본에서도 1862년 분큐사절단(文久使節團)의 일원으로 후쿠자와 유키치(福澤諭吉, 1835~1901)가, 1872년에는 이와쿠라사절단(岩倉使節團)의 일원으로 이와쿠라 도모미(岩倉具視, 1825~1883)가 시찰을 위해 방문했습니다.

만국박람회 후, 런던에는 그 수익을 활용한 문화시설이 다수 오픈되었습니다. 이런 시설은 입장료가 무료 또는 저렴한 가격으로 설정되었고, 매주 정해진 요일에는 야간까지 영업하는 등 폭넓은 계급이 이용할 수 있도록 배려되어 있었습니다. 당시의 여성들은 이런 시설들을 통해 견문을 넓혔습니다.

박물관

[빅토리아&앨버트 뮤지엄(Victoria and Albert Museum)]

런던 만국박람회의 수익과 전시품을 기반으로, 1852년 산업박물관으로 개관된 것이 현재의 '빅토리아&앨버트 뮤지엄'입니다. 빅토리아 시대의 산업, 기술의 발전을 배경으로 영국산 공예품과 디자인의 질을 높이는 기관으로 구상되었으며, 제조업 노동자들에게 디자인의 중요성을 계몽하는 역할도 담당했습니다.

주된 수장품은 회화, 조각, 사진, 유리 공예품, 금속 제품, 도자기, 복식… 등 여러 갈래에 걸쳐 있습니다. 박물관 내부에는 만국박람회 특집 코너도 있습니다.

사우스켄싱턴 뮤지엄에서는 회화교실도 개최되었습니다. 중산계급 여성에게 그림을 잘 그리는 것은 교양이 높음을 나타내주는 것이었습니다(The Graphic / 1870년 2월 26일).

[대영박물관(The British Museum)]

1759년에 개관된 '대영박물관'은 세계 최대의 박물관 중 하나로, 미술품과 서적, 고고학적인 유품과 공예품 등 약 800만 점이 수장되어 있으며, 25만 점이 상시 공개되고 있습니다. 대영박물관은 개인 수집가인 한스 슬론(Sir Hans Sloane, 1660~1753) 경의 수집품이던 유품 8만 점을 베이스로 세워졌습니다. 고인의 유언에 따라 창설 이래 기본적으로 입장료는 무료. 빅토리아 시대 사람들의 교양을 갈고닦기 위한 장소가 되었습니다.

그 후에도 다양한 자산가들의 전시품이 계속해서 제공되어 수장품이 증가했기 때문에, 1881년 자연사 관련 수집물들을 독립시킨

'자연사 박물관(Museum of Natural History)'이 사우스켄싱턴에 분관되어 설립되었습니다. 『전망 좋은 방』의 주인공 루시도 대영박물관 단골이었던 모양입니다.

> "꽤 많이 내려왔네요. 여기로 들어가죠."
> '여기'란 대영박물관이었다. 미세스 허니처는 싫다고 했다. 비를 피할 거면 가게 쪽이 더 좋다. 루시는 마음속에서 어머니의 비문화성을 깔보았다. 그녀는 지금 그리스 조각에 심취해 있던 참으로, 비프 목사에게 신화 사전을 빌려 신들과 여신들의 이름을 공부하는 중이었다.

미술관

[내셔널 갤러리(The National Gallery)]

'내셔널 갤러리'는 왕실의 회화 컬렉션이 아니라, 국민들이 기부한 회화를 중심으로 컬렉션되어 있는, 모든 계급을 위한 열린 시설로서 1824년 개관했습니다. 1838년, 현재의 트라팔가 광장에 있는 건물로 이전이 완료되자, 컬렉션 숫자는 더욱 늘어나 영국의 서양 회화 중심지가 되었습니다. 입장료는 무료였기에 좋아하는 그림을 보기 위해 짧은 시간 들렀다 가는 것도 가능했습니다.

[테이트 브리튼(Tate Britain)]

목사의 아들이었던 헨리 테이트(Sir Henry Tate, 1819~1899) 경은

미술관에는 주말이 되면 수많은 사람들이 모였습니다(The Illustrated London News / 1894년 6월 9일).

각설탕 사업으로 막대한 재산을 모아, 교육기관에 기부하거나 신진 미술가들을 지원하는 데 힘썼습니다. 1889년 존 에버렛 밀레이(John Everett Millais, 1829~1896)의 대표작『오필리아(Ophelia)』를 포함한 65점의 영국 미술 작품을 '국립 미술관'에 기부하려 했으나, 수장 공간 문제도 있고 현대 미술에 대한 평가가 낮았기 때문에 거부당합니다. 테이트는 8만 파운드라는 거액을 기부할 것을 약속하고, 1897년 영국 미술, 현대 미술을 전문으로 하는 '테이트 브리튼'을 개설하게 했습니다.

동물원

빅토리아 시대 이전에 본격적인 동물원이 탄생했지만, 인기가 최

동물원의 하마는 대인기. 기념품점에서도 하마 상품을 판매했던 모양입니다(Sunday Afternoon at The Zoological Gardens / The Graphic / 1891년 12월 21일).

고조에 달한 것은 런던 동물원이 1847년에 월요일 입장료를 반값인 6펜스로 내린 후부터입니다.

가장 주목받을 수 있는 동물인 '하마'를 도입한 것도 인기에 한몫했습니다. 기념품 상점에는 하마 모양 넥타이핀이나 도자기 장식품들이 진열되어 손님들을 기쁘게 했습니다. 런던 동물원은 일반 관객을 위한 강연회를 정기적으로 열어 동물학적인 지식 보급에도 노력했습니다. 월요일에는 가족들과 함께 온 노동자들로 붐볐으며, 일요일에는 중산계급 여성들이 서로 유행 패션을 드러내는 사교의 장이 되었습니다.

이날의 신문은 브라이턴의 수족관 오픈을 대대적으로 보도했습니다. 수족관은 가족 단위로 오는 사람들에게도 인기였습니다(The Illustrated London News / 1872년 8월 10일).

수족관

1851년 런던 만국박람회에는 주철 틀로 만들어진 화려한 아쿠아리움이 등장해 화제를 모았습니다. 그로부터 2년 후, 1853년 5월 런던 동물원 안에 만들어진 '피시 하우스'는 세계 최초의 수족관이 되었습니다. 수족관은 해변의 생물들에 대해 알고 싶어 하는 사람들의 지식욕에 부응했습니다.

1872년에는 해변의 리조트로 인기를 모았던 브라이턴에 대형 수족관이 오픈했고, 인기 관광 스팟이 되었습니다.

도서관에서 책을 찾는 여성. 흥미를 이끄는 책을 만난 걸까요(A Peep at The Last Page / 1874년판).

도서관

영국에서 도서관의 기원은 대영박물관의 도서 부문에서 유래했습니다. 1850년 '공공 도서관법'이 제정된 이래로, 세계 최고 수준을 유지해왔습니다. 초기 장서는 10세기부터 쌓여온 영국 왕실의 장서와 한스 슬론 경이 수집한 4만여 권의 서적이었습니다.

1870년에 초등교육이 의무화된 이후, 글을 아는 사람들의 비율이 오르면서 도서관은 국민의 지식 향상에 공헌했습니다. 책을 구입할 수 없는 사람들은 물론, 책 대여점에서 책을 빌릴 수 없는 사람들에

머디즈 점포 내부. 책을 빌리러 온 여성들로 북적이고 있습니다. 아이들을 데려온 여성의 모습도 볼 수 있습니다(The Illustrated London News / 1889년 1월 19일).

빅토리아 시대에는 여성들끼리 알코올이 나오는 가게에 들어가는 것은 상스러운 일로 여겨졌기 때문에 티 룸은 여성들에게 매우 귀중한 장소였습니다(The Illustrated London News / 1893년 4월 1일).

게도 든든한 동료가 되었습니다.

책 대여점

1861년까지 종이에는 종이세가 부과되었기 때문에, 빅토리아 시대에 들어와도 책은 고가품이었습니다. 그렇기에 상류계급 이외에는 책은 사는 것이 아니라 빌려서 읽는 것이 보통이었습니다.

수많은 책 대여점 중에서도, 특히 유명했던 것은 찰스 에드워드 머디(Charles Edward Mudie, 1818~1890)가 1842년에 개업한 '머디즈'였습니다. 연회비가 다른 회사보다 엄청나게 저렴한 1기니(Guinea)로,

In the Refreshment-Room.

역 구내에서 홍차를 즐기는 여성. 주요 철도역 구내에는 여성들을 위한 티 룸이 설치되어 있었습니다(The Il-lustrated London News / 1894년 8월 11일).

그것만 내면 한 번에 한 권, 연간 몇 번이고 책을 빌릴 수 있는 시스템이었습니다. 당시 머디즈의 장서는 100만 권 가까운 수였으며, 책의 수요가 얼마나 많았는지를 엿볼 수 있습니다.

머디즈의 콘셉트는 '가족이 모여 읽는 책'. 서적의 라인업도 건전한 것들이 많았기 때문에, 여성들도 들어가기 편한 책 대여점이었습니다. 『비튼의 가정서』도 당연히 머디즈에 비치되어 있었습니다.

이러한 문화시설 등으로 가는 외출이 늘어난 빅토리아 시대에 여성을 구해준 것이 티 룸이었습니다. 1860년대부터 도시부의 역 주변, 백화점이나 박물관 안에는 여성도 편하게 이용할 수 있는 레스토랑이나 티 룸이 계속해서 오픈했습니다. 이런 시설은 여성이 대상이었으며, 점내를 여성 취향의 편안한 공간으로 만들었습니다. 여성들은 이런 장소에서 교양을 갈고닦으면서 친구들과의 친교를 두텁게 했습니다.

제7장
겨울의 즐거움

긴 겨울을 쾌적하게 보내기 위해,
여성들은 어떤 기대를 품고 있었을까요.
1년 중 가장 빛나는 기념일인 크리스마스는
사람들이 무엇보다 기다리던 행사입니다.

크리스마스트리를 장식하는 가족들. 트리에는 작은 인형이나 동물, 악기 등이 장식되어 있습니다(The Illustrated London News Christmas Number / 1876년판).

크리스마스트리

크리스마스를 축하하는 관습은 중세부터 있었지만, 크리스마스가 종교적인 의미 이상으로 '국민의 즐거움'으로 정착한 것은 빅토리아 시대입니다. 이것은 빅토리아 여왕이 독일과 인연이 있는 앨버트 공과 결혼한 것이 큰 영향을 미쳤습니다.

빅토리아 시대의 크리스마스를 상징하는 것은 역시 '크리스마스트리'겠죠. 영국에서 크리스마스트리를 장식한 것이 처음으로 신문에 소개된 것은 윈저성의 트리였습니다. 1841년 여왕 부부는 장남 에드워드 황태자가 탄생한 것을 기념해, 앨버트 공이 조국 독일의 관습을 아들에게 전하고자 크리스마스트리를 주문한 겁니다. 그때까지 영국에는 크리스마스트리를 장식하는 관습은 없었습니다. 초, 인형의 집 소품, 사탕과자 등을 장식한 여왕 부부의 트리는 테이블 위에 놓였고, 아래쪽은 선물이 둘러쌌습니다.

그 후 여왕 부부는 아이들 숫자만큼 트리를 준비했기 때문에, 4남 5녀의 축복을 받은 왕실의 크리스마스는 무척이나 화려한 것이 되었습니다. 크리스마스트리 앞에서 편안한 시간을 보내는 여왕 일가의 모습은 이따금 신문에 게재되었고, 처음에는 상류계급에, 1860년대에는 중산계급과 노동자계급에도 크리스마스트리 관습이 침투했습니다. 크리스마스트리는 크리스마스부터 헤아려 열두 번째 밤이 되는 날(1월 6일)까지 장식되었습니다. 너무 빨리 치우거나, 너무 늦으면 불행한 일이 일어난다…는 전설도 있었습니다.

크리스마스카드에는 크리스마스 푸딩 일러스트가 그려져 있습니다(1890년대).

크리스마스카드

크리스마스 분위기를 더욱 고조시킨 것이 친밀한 사람들끼리 주고받았던 크리스마스카드입니다. 빅토리아 시대 잘사는 가정의 아이들은 기숙사가 있는 학교에서 공부했는데, 그곳에는 학생들이 아름다운 종이에 크리스마스나 신년 인사를 적는 '크리스마스 작품'을 만드는 관습이 있었습니다. 학생들은 완성된 작품을 가지고 돌아가 부모님께 드렸습니다. 부모님은 그 카드에서 문장력이나 글씨가 얼마나 예쁜지 등으로 아이들의 교육 성과를 알 수 있었습니다. 이 관습은 사교의 즐거움을 알기 시작한 중산계급 사람들에게도 보급되었습니다. 1843년부터 크리스마스카드 인쇄가 가능해진 것도 확산에 공헌했습니다.

크리스마스카드의 그림은 당초에는 종교적인 색깔이 강한 것이었지만, 중산계급에서 카드를 보내는 것이 관습화되자 눈 내리는 경치나 파더 크리스마스(영국에서 산타클로스를 부르던 이름)의 모습, 크리스마스트리와 아이들… 등 친숙해지기 쉬운 그림이 채용되게 되었습니다.

받은 카드들은 크리스마스부터 신년에 걸쳐 손님들의 눈에 띄는 응접실에 장식하는 것이 유행했습니다. 사교에 열심이던 빅토리아 시대 사람들이 서로 경쟁하듯 카드를 보내게 된 것은 자연스러운 흐름이었습니다.

크리스마스 선물

크리스마스 선물을 주고받는 관습은 식료품이 부족하던 한겨울에 서로 먹을 것을 교환하던 것이 그 시작이었다고 합니다. 기독교의 전파에 의해, 동방의 삼박사가 아기 예수에게 보낸 물건들과 연결된 종교적인 관습이 되었습니다.

빅토리아 여왕은 결혼 후 첫 크리스마스에 남편인 앨버트 공에게, 조지 헤이터(Sir George Hayter, 1792~1871) 경에게 그리게 한 남편의 초상화를 선물했습니다. 앨버트 공은 작은 모로코 가죽 재봉 상자를 선물했습니다. 이런 선물 관습은 결혼 선물과 함께 빅토리아

아내에게 줄 크리스마스 선물을 음미 중인 남편. 크리스마스 선물 구입은 남성에게도 즐거운 일이었습니다(The Illustrated London News Christmas Number / 1876년판).

시대 중산계급에 무척 소중한 것이 되었습니다.

포스터(Edward Morgan Forster)의 소설 『하워즈 엔드(Howards End)』 (1910년)에는 크리스마스 선물 고르기에 익숙하지 않은 시골 출신 윌콕스 부인과 상업화된 크리스마스에 질릴 대로 질려버린 마거릿이 둘이서 쇼핑하러 가는 장면이 묘사되어 있습니다.

"우선 선물할 사람들을 표로 만들어야겠어요"라고 마거릿이 말했다. "그리고 산 것부터 지워나가는 거예요. 저희 숙모

연기가 모락모락 나는 따뜻한 크리스마스 푸딩은 행복의 상징이었습니다
(The Illustrated London News / 1867년 12월 21일).

님은 항상 이렇게 하시거든요. 그리고 이 안개가 더 심해질지
도 모르니까요. 이제 어디로 갈까요.”

　“해로즈나 헤이마켓 스토어를 생각했는데요”라고 월콕스
부인은 별로 자신이 없는 듯이 말했다. “그런 데라면 뭐든지
있으니까요. 저는 쇼핑을 잘 못하거든요. … 표를 만들어야

크리스마스 푸딩을 섞기 위해 부엌에 모여든 아이들. 어떤 소원을 빌었을까요(The Illustrated London News / 1892년 12월 17일).

해요. 이 수첩에 적어주시면 안 될까요? 당신의 이름을 제일 위에요." "기뻐요." 마거릿은 이름을 적으면서 말했다. "저부터 시작해주시다니." 하지만 그녀는 고가의 물건을 바라지 않았다.

두 사람은 그 후 아이들을 위해 '장난감 말'과 '귀신 인형'을, 마을 교구장의 부인을 위해서는 '구리 온수 주머니'와 '크리스마스카드'

등을 구입합니다. 구입한 크리스마스 선물은 상대의 집에 크리스마스 전날까지 보내져, 크리스마스트리 아래를 장식하게 됩니다. 선물을 개봉하는 것은 크리스마스 당일 아침이었습니다.

크리스마스 푸딩

크리스마스 당일까지 준비해둬야 할 것 중 하나가 '크리스마스 푸딩'이었습니다. 크리스마스 푸딩은 건포도 같은 말린 과일과 수엇(소의 지방)을 듬뿍 넣은 진한 맛의 스팀 푸딩입니다. 지금은 영국의 전통적인 크리스마스 디저트가 되었지만, 정착하게 된 계기는 1714년입니다. 독일인인 조지 1세가 영국 왕으로 즉위한 후, 영국에서 처음으로 맞이하는 크리스마스 때 이 푸딩을 먹은 것이었습니다. 우선 상류계급 사람들이 크리스마스에 빠짐없이 즐기게 되었습니다.

찰스 디킨스는 크리스마스에 발표한 소설『크리스마스 캐럴(Christmas Carol)』(1834년)에서, 이 푸딩을 실로 인상적으로 묘사했습니다. '크리스마스 푸딩'이라는 이름은 중산계급, 노동자계급에까지 퍼져나갔습니다.

1분도 채 되지 않아 어머니는 푸딩을 들고, 상기된 얼굴로 자랑스러운 듯 히죽히죽 웃으면서 들어오셨다. 단단하고 제대로 만들어진, 탄환 같은 점이 박힌 푸딩, 4분의 1파인트의

반의 반에는 브랜디가 활활 타고 있다. 그리고 꼭대기에는 크
리스마스 호랑가시나무가 장식되어 있었다.

『비튼의 가정서』에도 물론 초판부터 크리스마스 푸딩― 성인용
'크리스마스 플럼 푸딩'과 아이용 '플레인 크리스마스 푸딩'이 소개
돼 있습니다. 아이용 푸딩은 성인용에 비해 말린 과일을 적게 넣고,
대신 소맥분을 추가했습니다.

크리스마스 당일의 4주일 전 일요일은 푸딩을 만들기 시작하는
'젓는 주일(Stir-up Sunday)'이라 불렸습니다. 푸딩 만들기는 물론 하

이저벨라 스타일 1328번 크리스마스 플럼 푸딩

재 료	레이즌 1과 1/2파운드, 커런트 1/2파운드, 믹스 필 1/2파운드, 빵가루 3/4파운드, 수엣(Suet, 소의 지방) 3/4파운드, 계란 8개, 플람베(Flambé, 조리 중인 요리 또는 소스에 주류를 첨가한 다음, 센 불로 단시간에 알코올을 날리는 조리법-역자 주)용 브랜디 와인잔으로 한 잔
만드는 법	레이즌을 반으로 자릅니다. 커런트를 잘 씻어 건조시킵니다. 수엣을 잘게 썰고, 필을 얇게 슬라이스합니다. 빵을 가늘게 갈아서 빵가루를 만들고, 잘 풀어준 계란과 브랜디를 첨가해 잘 섞어준 다음, 버터를 칠한 푸딩 틀에 넣습니다. 천을 덮어 확실하게 묶은 후 5~6시간 정도 틀째로 익혀주십시오. 먹는 날에는 2시간 정도 다시 데운 다음 틀에서 빼내고, 브랜디 소스를 곁들입니다. 와인 글래스 한 잔 정도의 브랜디로 플람베를 합시다.

216

인이 할 일입니다. 다만 생지를 틀에 붓기 전에 반시계 방향으로 한 사람이 한 번씩 소원을 빌면서 젓는 풍습이 있었기 때문에, 여주인도 아이들도 모두 부엌에 모여 즐겁게 생지를 저었습니다.

푸딩 안에 작은 물건을 넣는 관습도 있었습니다. 단추는 평생 독신, 편자나 별은 행복, 동전은 복을, 곰은 강함을, 골무나 반지는 사랑과 결혼을 상징… 이처럼 점의 일종으로 사용되었습니다. 각각의 아이템의 의미는 지방에 따라 약간 달라집니다. 스코틀랜드에서는 은화가 나온 남성과 골무를 뽑은 여성은 결혼하게 된다는 전설이 있는 모양입니다. NHK의 연속 텔레비전 소설 《맛상(マッサン)》(2014~2015년 방송)에는 스코틀랜드인 엘리의 본가 크리스마스 파티에 초대되어, 맛상이 은화를, 엘리가 골무를 뽑아 점의 결과 그대로 두 사람은 나중에 결혼한다…는 에피소드가 등장합니다.

크리스마스 크래커

크리스마스 디너의 시작은 크리스마스 크래커를 울리는 것부터 시작되었습니다. 크리스마스 크래커는 1847년, 과자 장인이었던 톰 스미스(Tom Smith, 생몰년 불명)에 의해 발명되었습니다. 톰은 1840년 파리를 방문했을 때, 양쪽 끝을 접은 종이에 싸인 '봉봉'이라는 과자를 알게 됩니다. 이 봉봉을 원형으로, 뜨거운 난로 속에서 장작이 탁탁 튀는 소리에서도 아이디어를 얻어 오리지널인 크래커가 탄생한

크리스마스 크래커를 즐기는 아이들. 누가 이겼을까요?(The Illustrated London News / 1893년 12월 23일).

것입니다.

　두 사람이 각각의 크래커의 오목한 끝부분을 잡고, 동시에 당기면 마찰로 화약이 묻은 실이 '펑!' 하고 터지는 구조입니다. 안에는 종이로 만든 왕관, 작은 선물, 격언이나 유머가 적힌 종이 등이 들어 있었고, 한가운데 부분을 더 많이 가져온 쪽이 그 부록을 가질 수 있다는 룰이었습니다. 크래커는 크리스마스 시즌만이 아니라, 1900년의 파리 만국박람회나 왕실의 특별한 행사를 위해서도 생산될 정도로 널리 보급되었습니다.

🍂 크리스마스 디너

크래커로 크리스마스를 축복한 후에 시작되는 호화로운 크리스마스 디너. 메인 요리는 상류·중류계층 가정에서는 칠면조, 노동자계층 가정에서는 거위가 인기였습니다. 『크리스마스 캐럴』에서 묘사된 크리스마스 디너를 보죠.

상 위에는 칠면조, 거위, 그 외의 고기 요리, 소금에 절인 돼지고기, 커다란 고기 토막, 새끼 돼지 고기, 긴 동그라미 형태로 연결한 소시지, 민스 파이, 플럼 푸딩, 나무통에 든 굴, 새빨갛게 구운 밤, 담홍빛을 띤 사과, 과즙이 듬뿍 든 오렌지, 광택이 나는 배, 굉장히 큰 열두 번째 밤 케이크(Twelfth Night Cake, 동방박사가 선물을 들고 아기 예수를 보러 온 1월 6일을 기념하며 먹는 케이크-역자 주) 등등이 산더미처럼 쌓여 옥좌를 만들었고, 펄펄 끓는 펀치의 증기로 온 방 안이 맛있는 안개로 둘러싸여 있었습니다.

칠면조에는 크랜베리 소스나 잼을 발라 먹는 것이 영국 스타일입

크리스마스 시즌의 칠면조 일러스트. 소녀와 비슷할 정도로 큰 칠면조는 이후 먹혀버리는 걸까요?(The Illustrated London News / 1888년 12월 22일).

니다. 『비튼의 가정서』를 편집한 이저벨라는 겨울 동안 잼과 젤리를 만들고, 사과나 호박 등 오래 보관할 수 있는 먹거리는 보관고에 보존해두도록 권하고 있습니다.

또 '12월에는 1년 중 가장 중요한 친밀한 사람들을 초대할 기회가 있습니다. 크리스마스를 모두가 웃는 얼굴로, 만족한 기분으로 맞이할 수 있도록, 식품창고를 음식으로 가득 채우고, 플럼의 씨를 빼고, 커런트를 씻고, 시트론을 자르고, 알을 깨서 풀고, 푸딩을 젓는 것은 한 가정의 주부에게 굉장히 의미가 있는 일입니다'라고도 했습니다.

보존식을 보관하는 창고에는 홍차나 잼이 진열되어 있습니다. 아이들이 창고에 들어가 귀중한 잼을 훔쳐 먹고 있습니다. 보모는 자신의 실수를 주인이 목격해 불안함에 떨고 있습니다(The Illustrated London News / 1860년판).

크리스마스 음료수

건배나 식후에 즐겼던 것이 크리스마스의 풍요로움을 상징했던 '멀드 와인(Mulled Wine)'입니다. 이것은 붉은 와인에 빅토리아 시대에 무척 비쌌던 클로브, 시나몬, 바닐라, 카더멈(Cardamom, 허브의 일종으로 향신료로 쓰임-역자 주) 등의 스파이스, 그리고 오렌지나 레몬 등의 감귤류, 설탕 등을 블렌드해 완성한 달콤한 음료수입니다. 멀드 와인의 홍차 버전이라 할 수 있는 것이 '크리스마스 티'입니다. 다양한 스파이스를 홍차의 찻잎과 믹스해 즐깁니다. 크리스마스 티는 크리스마스의 특별한 음료이며, 신년에 대비해 감기에 걸리지 말고

파더 크리스마스(산타클로스)가 든 쟁반에는 크리스마스 푸딩, 그리고 멀드 와인이 놓여 있습니다(Illustrated Times / 1855년 12월 22일).

건강하게 지내기 위한 '약'의 의미도 지녔습니다. 각 가정의 주부는 가족의 건강을 생각하면서 오리지널 믹스 티를 만들었던 것입니다.

크리스마스 티의 블렌드 담당은 후에 홍차 판매업자가 하게 되며, 크리스마스 티는 매년 크리스마스의 대표적인 상품이 되었습니다. 이처럼 빅토리아 시대의 크리스마스 음식, 음료에서는 '스파이스', 그리고 '감귤'의 향기가 납니다. 이런 향기에 둘러싸이면 사람들은 행복을 느끼고 크리스마스가 찾아왔다고 실감하게 되는 것입니다. 『비튼의 가정서』에도 다양한 스파이스가 등장합니다. 겨울에 추천하는 스파이스를 다음 항목에서 몇 가지 소개해보죠.

겨우살이 아래에서 키스를

　겨우살이는 사랑의 여신 프리가(Frigga)를 나타내는 신성한 식물로 여겨졌습니다. 프리가는 여름의 태양신 발드르(Baldr)의 어머니죠. 그런데 아들인 발드르는 악의 신 로키(Loki)의 술수에 빠져 겨우살이로 만든 활과 화살로 사살되어버리고 맙니다. 다른 신들과 프리가의 힘으로 발드르는 되살아나지만, 그때 흘린 프리가의 눈물이 진주처럼 하얀 겨우살이 열매가 되었습니다. 그 후, 겨우살이 아래를 지나는 모두에게, 프리가는 기쁨과 사랑의 키스를 보냈다고 합니다.

　이런 유래로, 16세기 이후 크리스마스가 되면 현관과 부엌 천장 등에 겨우살이를 매다는 관습이 정착되었습니다. 겨우살이 아래 서 있는 여성에게는 남성이 아무런 거리낌 없이 키스하는 것이 허용되었습니다. 다만 키스할 때는 겨우살이의 하얀 열매를 따는 것이 룰이었고, 전부 없어지면 키스 의식은 끝났습니다.

이저벨라 스타일 추천 스파이스 일람

생강(Mrs. Beeton's Book of Household Management / 1888년판)

● 생강(Ginger)
인도, 동남아시아가 원산지인 생강목 생강과의 여러해살이풀. 해독 작용과 식욕 증진, 소화 촉진, 몸을 따뜻하게 하는 효과가 있어 감기 걸렸을 때 특효약으로 사용됩니다. 가정서에는 요리의 맛을 내는 것 이외에도 과자류나 맥주 재료로도 사용되고 있습니다.

육두구(Mrs. Beeton's Book of Household Management / 1888년판)

● 육두구(Nutmeg)

몰루카제도(Moluccas)가 원산지로 알려진 미나리아재비목 육두구과의 상록수. 방부 효과가 강하고, 고기 냄새를 없애는 데 사용되었습니다. 가정서에서는 송아지 요리나 술에 풍미를 더할 때에도 사용되었습니다. 또 육모(育毛)에도 추천한다고 적혀 있습니다.

● 사프란(Saffron)
붓꽃과의 여러해살이풀로, 원산지는 스페인, 이탈리아 등 유럽부터 서아시아. 소화 작용, 진통 효과, 건망증 예방 등을 효능으로 들 수 있습니다. 또한 요리에 향을 더하거나, 염료로도 이용되었습니다. 가정서에서는 성홍열(猩紅熱), 목의 통증과 함께 고열이 나고 전신에 발진이 생기는 전염병-역자 주)에 효과가 있다고 소개되어 있습니다.

● 클로브(Clove)
몰루카제도가 원산지인 목서과에 속하는 상록수의 꽃봉오리를 따서 말린 것. 식욕 증진과 방

클로브(Mrs. Beeton's Book of Household Management / 1888년판)

부작용이 있습니다. 향이 강하기 때문에 많이 사용하지 않도록 주의가 필요합니다. 가정서에는 요리 외에, 크리스마스용 오렌지 포맨더(Pomander, 향이 좋은 말린 꽃 등을 넣어 옷장이나 방 안에 두는 통-역자 주)를 만들 때도 사용되었습니다.

시나몬(Mrs. Beeton's Book of Household Management / 1888년판)

● 시나몬(Cinamon)
스리랑카가 원산지인 녹나무과의 상록수. 주된 효능은 식욕 증진과 해열, 살균 등. 고대 이집트에서는 미라의 방부제로도 이용되었습니다. 가정서에서도 요리와 과자 만들기 외에도, 콜레라 예방약으로 소개되었습니다.

후추(Mrs. Beeton's Book of Household Management / 1888년판)

● 후추(Black Pepper)
인도 남서부가 원산지인 후추과의 여러해살이풀. 항균, 방부, 방충, 식욕 증진, 신진대사 등에 효과를 발휘합니다. 가정서에서도 고기 요리나 채소 요리, 수프 등 장르를 가리지 않고 다양한 요리에 사용되었습니다.

크리스마스 푸딩을 둘러싸고 앉은 식탁. 여주인의 머리 위에는 겨우살이가 장식되어 있습니다(The Illustrated London News / 1868년 12월 19일).

크리스마스 이야기

빅토리아 시대에 크리스마스를 테마로 한 소설이 여러 개 발간되었습니다. 앞서 소개했던 디킨스의 『크리스마스 캐럴』은 그중에서도 가장 인기를 모았습니다. 구두쇠에 크리스마스 정신이라고는 눈곱만큼도 없던 욕심쟁이 스크루지가 크리스마스이브에 3명의 정령들이 보여주는 과거, 현재, 미래를 보고 자애로 가득한 밝은 인물로 개심한다는 내용입니다.

오스카 와일드의 『행복한 왕자(The Happy Prince)』(1888년)는 아이들을 위해 쓰인 단편소설이지만, 어른들에게도 감동을 주었습니다. 마을 중심부에 우뚝 서 있는 금박 왕자상은 겨울이 오기 전에 이집트로 건너갈 예정이던 제비와 만납니다. 왕자는 제비에게 다양한 괴로움과 슬픔을 품은 사람들이 있다는 것을 가르쳐주고, 자신의 몸을 장식한 루비와 사파이어, 그리고 금박을 그런 가난한 사람들에게 나눠주었으면 좋겠다고 부탁합니다.

저 멀리 작은 거리에 가난한 집이 있습니다. 창이 하나 열려 있고, 테이블에 앉은 부인이 보입니다. 얼굴은 야위었고, 무척 지쳐 있습니다. 그녀의 손은 거칠고, 바늘에 찔린 상처로 새빨개져 있습니다. 그녀는 바느질 일을 하는 사람이었습니다. 그녀는 새틴 가운에 시계초 꽃 모양 자수를 놓고 있습니다. 이 가운은 여왕님이 마음에 들어 하는 시녀를 위한 것으로, 다음 무도회에 입기로 되어 있었습니다. 방 한쪽의 침대에는 어린 아들이 병 때문에 잠들어 있습니다. 열이 나고, 오렌지가 먹고 싶다고 말합니다. 어머니가 줄 수 있는 건 강물뿐이기에, 그 아이는 울고 있습니다. 제비여, 제비, 작은 제비여. 내 검의 칼자루에서 루비를 빼서 저 부인에게 주시지 않겠습니까? 양다리가 이 받침대에 고정되어 있어서, 나는 갈 수가 없습니다.

금박이 벗겨진 초라한 모습이 된 왕자, 그리고 남쪽으로 건너갈 기회를 놓치고 추위에 얼어 죽은 제비를 신은 천국으로 인도했습니다. 스스로를 희생한 박애정신은 빅토리아 시대 사람들의 마음을 울렸고, 크리스마스의 자선 활동이 더 왕성해지는 계기 가운데 하나가 되기도 했습니다.

박싱 데이

크리스마스 다음 날을 박싱 데이라고 부릅니다. 교회가 가난한 사람들을 위해 준비한 크리스마스 선물 상자를 열어보는 날에서 유

크리스마스의 밤을 즐기는 하인들(The Illustrated London News Christmas Number / 1889년판).

래한 것입니다. 하인들도 이날 휴가를 받았습니다. 그렇기에 중산계급 가정에서는 이날은 하인에게 의존하지 않고 직접 모든 집안일을 하고, 아침에는 감사의 마음을 담아 상자에 든 선물을 하인에게 주는 것이 관례였습니다.

포스터의 『하워즈 엔드』에서 윌콕스 부인은 '하인에게는 돈을 주기로 했다'고 설명했고 마거릿도 동의했으므로, 물건 대신 돈을 주는 집도 있었던 모양입니다. 상류계급의 커다란 저택에서는 모든 하인에게 휴가를 줄 수는 없었기 때문에, 대신에 하인을 대상으로 한 파티 등이 열려 1년 동안의 수고를 치하하고 위로했습니다.

스케이트

겨울에 빼놓을 수 없는 스포츠가 '스케이트(Skate)'입니다. 17세기 네덜란드에서 스케이트 활주 기술이 전해지면서 상류계급 남성들의 기본 소양으로 인기를 모았고, 1830년에는 왕족의 후원으로 런던에서 스케이트 클럽이 설립되었습니다. 당시 클럽은 남성이 주체였지만, 여성도 남성 회원의 추천이 있으면 입회할 수 있었습니다. 빅토리아 여왕의 남편 앨버트 공도 스케이트 애호가였습니다.

1842년 런던에 세계 최초의 실내 인공 링크 '아이스 플로어(Ice Floor)'가 오픈합니다. 하지만 이 링크는 얼음이 아니라 소다 크리스털제였습니다. 1876년에는 염원하던 인공 얼음 스케이트장이 만들

스케이트링크에서도 티타임을 즐겼습니다. 스케이트를 타러 갈 때, 차 도구를 갖고 가는 사람도 많았던 모양입니다(The Illustrated London News Christmas Number / 1893년판).

어졌습니다. 이리하여 빅토리아 시대 스케이트는 여성들에게도 보급되었으며, 겨울 사교의 대표 격인 존재가 되었습니다. 스케이트 링크에서는 썰매도 즐겼습니다. 스케이트를 타는 신사 옆에서, 썰매에 탄 여성이 우아하게 미소를 짓는 모습은 겨울을 대표하는 풍경이 되었습니다.

필리파 피어스(Philippa Pearce, 1920~2006)의 아동문학 『한밤중 톰의 정원에서(Tom's Midnight Garden)』(1958년)의 주인공 톰은 우연히 빅

썰매를 탄 여성에게 스케이트를 신은 남성이 차와 과자를 서비스하려 하고 있습니다(The Graphic Christmas Number / 1875년 12월 25일).

토리아 시대로 가게 되고, 소녀 하티와 만납니다. 하티는 내성적인 성격의 소녀에서 사교적인 성인 여성으로 성장해가지만, 톰은 아이 그대로입니다. 그리고 그녀가 성장함에 따라, 톰의 모습은 조금씩 보이지 않게 됩니다. 최후에 만났을 때, 하티는 어른이 되어 있었고, 톰의 모습은 이미 희미하게 보일 뿐이었습니다. 환상처럼 보이는 톰과 하티가 스케이트를 타고 강을 내려가는 장면은 환상적이며, 이야기의 하이라이트입니다.

현재도 영국에서는 겨울이 되면 다양한 장소에 스케이트 링크가 설치됩니다. 런던 시내만도 런던 탑, 서머싯 하우스, 자연사 박물관, 하이드파크 등 복수의 스케이트 링크가 등장하며, 사람들의 휴식의 터전이 됩니다.

독서

추위가 심한 겨울 동안, 여성들은 난로 주변에서 독서를 즐겼습니다. 해가 빨리 지는 겨울 난롯불은 따뜻할 뿐만 아니라 등불 대신으로도 중요한 역할을 했습니다. 『Victoria Revealed : 500 Facts About The Queen and Her World』(2012년)에 의하면, 빅토리아 시대에 자주 읽힌 인기소설 베스트 텐은 다음과 같습니다.

① 샬럿 브론테 『제인 에어』
② 윌리엄 메이크피스 새커리(William Makepeace Thackeray, 1811~1863) 『허영의 시장(Vanity Fair)』
③ 찰스 디킨스 『하드 타임스(Hard Times)』(1854년)
④ 샬럿 메리 영(Charlotte Mary Yonge, 1823~1901) 『뉴 데이지 체인(New Daisy Chain)』(1856년)

친구와 함께 독서를 즐기는 여주인. 한가운데의 테이블에는 홍차가 준비되어 있습니다('Sweet Girl Graduates' At Home / 1884년판).

⑤ 윌리엄 윌키 콜린스(William Wilkie Collins, 1824~1889)『흰 옷을 입은 여인(The Woman in White)』(1860년)

⑥ 루이스 캐럴『이상한 나라의 앨리스』

⑦ 조지 엘리엇(George Elliot, 1819~1880)『미들마치(Middlemarch)』

⑧ 토머스 하디(Thomas Hardy, 1840~1928)『더버빌가의 테스 (Tess of the d'Urbervilles)』

⑨ 로버트 루이스 스티븐슨(Robert Louis Stevenson, 1850~1894)『지킬 박사와 하이드(The Strange Case of Dr. Jekyll and Mr. Hyde)』(1886년)

⑩ 조지프 콘래드(Joseph Conrad, 1857~1924)『암흑의 핵심 (Heart of Darkness)』(1899년)

10명 중에서 여성 작가가 3명 포함되어 있는 것은 획기적입니다. 하지만 그중 두 명은 출판 당시에는 남자의 이름을 필명으로 써서 출판했으며, 빅토리아 왕조 시대에 여성이 쓰는 쪽이 되는 것은 아직 힘든 일이었음을 엿볼 수 있습니다.

자수

겨울 동안 여성이 열중하던 즐거움 중 하나로 자수가 있습니다. 자수는 예로부터 여성스러운 취미 중 하나, 여성의 기본 소양으로서 빼놓을 수 없는 것이었습니다. 상류계급 사람들은 전문 자수 장인을 고용하고, 여주인은 시녀나 하인 등과 함께 자신들도 즐겼습니다. 태피스트리나 쿠션 커버 등 여주인이 만든 자수 실내 장식품은 부의 상징이 되었습니다.

18세기 후반이 되면 산업혁명 덕분에 재료인 울과 실 등이 양산되어 가격 저하가 실현되었고, 중산계급 여성들 사이에서도 자수가 유행합니다.

아름다운 컬러의 자수 도안은 잡지의 판매량을 늘려주었습니다(The Englishwoman's Domestic Magazine New Series, Vol. I / 1860년판).

난로 앞에서 유행하던 베를린 자수를 즐기는 여주인(1876년판).

 그중에서도 털실을 이용해 커다란 스티치(Stitch, 자수 등에서 바늘땀
을 내는 것-역자 주)로 캔버스를 메우는 베를린 털실 자수가 특히 인기
를 모았습니다. 이 자수는 베를린의 회사에서 수입된 재료 세트가
쓰였기 때문에 이렇게 불렸습니다. 캔버스, 방안지에 프린트된 도
안, 필요한 털실이 한 세트로 들어 있는 키트도 판매되어 더욱 편리

하게 즐길 수 있게 되었습니다.

인기 도안은 꽃이나 풀 등 자연을 묘사한 것, 성서에 나오는 장면, 기하학 모양 등.

이저벨라는 수예를 잘 못했지만, 여성들 사이에서 자수의 인기가 높음을 제대로 파악하고, 1860년 『영국 부인 가정 잡지』를 리뉴얼할 때 수예 채색 도안을 부록으로 주는 특집 기획을 내세워 호평을 받았습니다.

이렇게 중산계급 여성들은 직접 만든 자수로 쿠션이나 러그, 난로 가리개 등을 만들어서, 응접실을 열심히 장식했습니다. 손님을 초대해 차 모임을 가질 때는 자신의 작품을 보여주거나, 유행하는 자수 디자인에 대한 내용 등으로 이야기꽃을 피우게 됐겠죠.

 ## 난로 앞에서의 티타임

독서나 자수 사이에는 잠시 티타임을 즐겼습니다. 겨울의 티타임에 인기였던 다과는 '크럼펫'입니다. 크럼펫은 식감이 쫀득쫀득하고 표면에 구멍이 뚫린 팬케이크로, 『비튼의 가정서』 1728번에 소개되어 있습니다.

현재 영국에서는 '크림 티'라 불리는 '스콘(유지방분이 높은 크림과 잼 포함)과 밀크 티' 세트를 즐기는 습관이 있는데, 『비튼의 가정서』 초판에는 스콘의 레시피는 게재되어 있지 않습니다. 가정서에 스콘

난롯불로 크럼펫과 토스트를 굽는 일은 일상적인 풍경이었습니다. 화상을 입지 않도록 토스트용 포크는 자루가 길게 만들어져 있었습니다(The Graphic / 1876년 1월 8일).

의 레시피가 처음으로 등장하는 것은 1906년판인데, 이때의 스콘은 오트밀과 소맥분을 반죽해서 구운 빵에 가까운 것으로 우리가 아는 스콘과는 달랐습니다.

우유나 계란을 이용하는 현재와 거의 비슷한 스콘의 레시피가 게 재된 것은 1923년판부터로, 빅토리아 시대에는 현재의 것과 같은 스콘은 제공되지 않았던 모양입니다.

BAKING POWDER

베이킹파우더의 등장은 과자 레시피에 커다란 영향을 미쳤습니다. 나중에는 스콘이나 크럼펫에도 사용되었습니다(Munsy's Magazine / 1897년 2월).

이저벨라 스타일 1728번   크럼펫(Crumpet)

재 료	우유 2파인트, 독일 이스트 1과 1/2온스, 소금 약간, 소맥분
만드는 법	데운 우유를 볼에 넣고, 이스트를 더해 잘 섞어줍니다. 이스트는 질이 좋은 독일산을 추천합니다. 소맥분을 넣고 섞으면서 점성이 있는 생지를 만듭니다. 천으로 볼을 덮고 30분 정도 생지가 부풀 때까지 따뜻한 장소에 둡니다. 철판 위에 철 링을 놓고 생지를 붓습니다. 안쪽 면이 구워지면 재빨리 뒤집습니다. 토스트 포크에 크럼펫을 끼우고, 태우지 않도록 조심하면서 예쁜 갈색이 될 때까지 양면을 굽습니다. 데운 그릇 위에 놓고, 반으로 잘라 버터를 발라서 빠르게 서빙합니다.

제8장
새로운 가족

새로운 생활이 시작되고 정신없이 흘러간 1년.
주부로서 하는 일에 조금씩 익숙해진 여주인들이
다음으로 기다리는 것은 새로운 가족의 탄생입니다.
그것은 작년 이상으로 바쁜 1년이 시작된다는 것을 의미합니다.

입욕

　이저벨라가 편집한 『비튼의 가정서』는 일찍 자고 일찍 일어날 것을 끊임없이 추천하고 있습니다. 여주인은 남편보다 빨리 일어나 욕실이나 화장실이 제대로 정돈되어 있는지를 먼저 확인합니다. 물을 사용하는 장소 주변이 청결하면 병을 예방하는 것과도 직결되었습니다.

　빅토리아 시대에 욕실은 부유층의 사치품이었습니다. 입욕할 준비를 하려면 하인이 고생했기 때문에, 중산계급에서도 일주일에 한 번 정도만 입욕하는 사람이 태반이었습니다. 하지만 이저벨라는 플

욕조에도 생활미가 반영되었습니다(Shank's High Class / 1890년대).

Design A.

Design B.

Design C.

Design D.

Design E.

Design F.

온 가족의 아침 식사 풍경. 아침은 가족 전원이 얼굴을 마주할 수 있는 귀중한 시간이었습니다(The Graphic / 1885년 3월 7일).

로렌스 나이팅게일(Florence Nightingale, 1820~1910)이 추천했던 '청결이야말로 병의 대책에 가장 유효하다'는 생각에 동조했고, 가정서에는 물 또는 미지근한 물로 매일 입욕하길 권했습니다. 비튼가에서도 남편 새뮤얼은 입욕을 한 다음 회사에 출근했습니다.

아침 식사

하인들은 부엌 주변의 청소를 마친 다음에 아침 식사 준비에 착

수합니다. 이저벨라는 '하루 중 처음 하는 아침 식사는 병이나 기타 피치 못할 사정이 있는 것이 아닌 한, 정해진 시간에 제대로 가족 전원이 모여서 먹을 것'이라고 기록하고 있습니다. 상류 가정에서는 아이들은 다른 방에서 식사를 했지만, 미들 미들 클래스 이하의 가정에서는 아이들의 건강을 관리한다는 의미도 포함해, 아침 시간에는 부모님과 함께 식탁에 둘러앉기도 했던 모양입니다.

영국에서는 예로부터 아침 식사는 그다지 중요하게 여겨지지 않았습니다. 18세기 초에는 경제적 여유가 있는 사람들조차 스파이스가 들어간 빵과 차나 코코아나 커피 정도를 먹었습니다. 심지어 중산계급의 경우는 18세기 말이 되어서야 비로소 버터를 곁들인 빵과 차를 먹게 되었습니다.

아침 식사가 하루 중 가장 중요한 영양 공급 시간으로 여겨지게 된 것은, 산업혁명 이후 영국이 부유해지고 난 이후의 일입니다. 『비튼의 가정서』에도 2145번에 아침 식사 메뉴가 소개되어 있으며,

이저벨라 스타일 2145번　브렉퍼스트 메뉴

삶은 고등어·와이팅(대구)·청어, 말린 해덕 대구 구운 것 등. 양고기 조각, 우둔살 스테이크와 양의 콩팥을 구운 것, 소시지, 베이컨, 베이컨과 수란, 햄과 수란, 오믈렛, 삶은 계란, 계란프라이, 포치드 에그 토스트, 머핀, 토스트, 마멀레이드, 버터…

메뉴의 다양함에 놀라게 됩니다. 요리는 뷔페 방식으로 배치했고, 하인은 식사 중에 되도록이면 식당에서 대기하며 가족을 서포트했습니다. 아침 식사가 끝나면 하인들은 신속하게 테이블의 식기를 정리하고, 식탁보에 떨어진 음식물 찌꺼기를 치운 후 식당을 청소하기 시작했습니다.

🍃 우편 사정

아침 식사 때 개봉되었던 것이 빅토리아 시대 유일한 연락 수단이기도 했던 '편지'입니다. 빅토리아 시대에는 우편배달은 날이 밝음과 동시에 개시되는 것이 보통이었습니다. 빅토리아 시대 이전의 영국에서는 우편 마차에 의한 수송 서비스가 주를 이루었습니다. 편지 요금은 '착불'로, 무게나 거리로 계산되었습니다. 그렇기에 멀리서 보내는 편지는 받는 쪽의 부담이 커서, 일반에 보급하기에는 과제가 있었습니다.

빅토리아 시대에 들어오면 철도의 발달과 동반해 수송비용이 대폭으로 경감되어 우편 요금제를 재검토하게 되었습니다. 보내는 쪽이 요금을 부담하는 편이 편하게 편지를 보낼 수 있다는 이유로 '요금 선불 제도'도 검토되었습니다. 이런 흐름 속에서 1840년 1페니 우표가 발행됩니다. 이것은 영국 최초의 우표일 뿐만 아니라, 세계 최초의 우표이기도 했습니다. 영국이 만들어낸 이 새로운 우편 제도는 세계 각국에서 높은 평가를 받았고, 현대까지 유지되고 있습니다. 영국은 근대적 우편 제도의 발상지이기도 한 것입니다.

그 최초의 우표 디자인은 빅토리아 여왕의 초상이었습니다. 국내 어디로든 저렴한 가격에 편지를 보낼 수 있게 되어, 문자를 읽을 수 있는 비율이 높았던 중산계급 사람들이 편지에 푹 빠지게 됩니다. 또 1853년에는 영국에 최초의 우체통이 설치되고 전국에 보급됩니다. 빅토리아 여왕이 세상을 떠날 때까지 우체통이 전국에 3만 개 이상 설치되었다고 하니 놀라울 따름입니다. 가족이 모두 모인 아침 식사 시간에 도착하는 편지는 기쁜 소식, 슬픈 소식 등 수많은 정보를 전해주었습니다.

밸런타인데이

크리스마스카드, 생일 카드 등에 이어 빅토리아 시대에 유행한 것이 밸런타인 카드입니다. 밸런타인데이는 고대 로마에서 유래된 행사입니다. 당시 로마제국 황제는 가족이나 연인과 떨어지고 싶지 않다는 이유로 전쟁에 나가길 꺼리는 젊은이가 있다는 것에 탄식했고, 병사의 혼인을 금지시켰습니다. 사제 발렌티누스는 젊은이들을 가엾게 여겼고, 비밀리에 병사를 결혼시키고 있었지만 붙잡혀 처형되고 맙니다. 이 순교일이 2월 14일로, 발렌티누스 사제는 성 발렌티누스로 존경받게 되었고, 그의 죽음을 추모하는 종교적 행사로

빅토리아 시대의 정성이 담긴 밸런타인 카드는 현재 골동품으로도 인기입니다(1880년대).

서 '밸런타인데이'가 시작되었습니다. 14세기경에는 현재처럼 연인들의 기념일로 인지되었으며, 마음이 맞는 남녀가 편지를 교환하게 되었습니다.

　빅토리아 시대의 영국에서 밸런타인 카드는, 남녀 관계없이 소중하게 생각하는 친구나 친지들에게도 보냈습니다. 카드는 기본적으로 '익명'으로 쓰였기 때문에, 도착한 카드가 어디서 온 건지, 이성인지, 동성인지, 장난인지를 간파할 필요가 있었습니다.

　『크랜퍼드』를 원작으로 한 BBC 드라마 《크랜퍼드》(2007년)에는 새로 시골 마을로 온 젊은 의사를 둘러싼 여성들의 연애가 묘사됩니다. 밸런타인데이를 맞아 의사는 사랑하는 사이인 소녀에게 밸런

밸런타인데이의 아침은 아무튼 활기찼습니다. 우편 배달부에게서 밸런타인 카드를 받으면 현관에 가족이 모여들었습니다(The Illustrated London News / 1863년 2월 14일).

타인 카드를 보냈습니다. 의사를 짝사랑하는 올드미스에게도 밸런타인 카드가 도착합니다. 그것은 의사의 친구가 장난으로 보낸 것으로, 익명이었음에도 불구하고 올드미스 여성과 그 가족은 의사가 보낸 프러포즈라 착각하고 폭주하게 됩니다. 친구의 장난은 의사와 연인의 사이를 찢어놓고, 마을 사람들에게 의사의 신용을 실추시키는 큰 사태로 발전해버린 것입니다….

편지에는 나쁜 소식이 적혀 있었습니다. 남편의 불상사였겠지요. 편지를 남편에게 내밀고, 부인이 방을 떠나려 하고 있습니다(The Illustrated London News / 1889년 10월 12일).

파산

편지는 때로는 슬픈 소식을 가져왔습니다. 빅토리아 시대에는 일이 성공해 입신출세하는 사람도 많았던 반면, 별것 아닌 계기로 인생이 전락해버리는 사람도 많았습니다. 이저벨라의 남편 새뮤얼은

도박으로 빚을 지는 바람에 변호사를 부르게 되어버린 부부. 남편은 머리를 감싸고, 부인은 완전히 넋이 나간 상태입니다(Black and White / 1892년 11월 12일).

부인을 잃은 후 은행의 도산으로 재산을 잃고 맙니다. 『크랜퍼드』의 미스 마티도 투자했던 은행의 도산으로 재산을 잃어버립니다.

작가 찰스 디킨스도 인생의 급락을 경험했습니다. 그의 본가는 무척 유복했지만 낭비벽이 있던 부친이 거액의 빚을 졌기 때문에, 12세 때 학업을 포기하고 친척의 구두약 공장에서 일할 수밖에 없었습니다. 게다가 빚이 늘어난 부친은 가족과 함께 채무자 감옥에 수용됩니다. 디킨스는 친척의 집에 신세를 지면서, 공장에서 일해

재산을 잃고 하인의 입장으로 떨어져버린 세라였지만, 가난한 소녀에게 빵을 나누어주는 등 자선의 마음은 잊지 않았습니다(Sara Crewe of What Happened at Miss Mincin's / 1888년판).

자신의 힘으로 생활합니다. 다행히도 친척 쪽에서 약간의 유산을 받게 되었고, 부친은 석방되고 학교에도 다시 다닐 수 있게 되었습니다. 디킨스는 그 후 출판사 사장의 딸과 결혼해 안정된 생활을 하게 됩니다. 그의 파란만장한 인생은 소설의 소재로 쓰였습니다.

　프랜시스 호지슨 버넷(Frances Hodgson Burnett, 1849~1924)의 소설 『소공녀(A little Princess, 원제는 Sara Crewe of What Happened at Miss Mincin's-역자 주)』(1888년)는, 인도에서 다이아몬드 광산 사업을 경영하던 실업가의 딸 세라가 주인공입니다. 그녀는 영국의 기숙학교에서 특별 대우를 받는 학생이었지만, 11세 생일에 아버지가 돌아가셨고 파산했다는 소식을 듣고 하인으로 신분이 떨어지고 맙니다.

전당포에 보석을 맡기러 온 여성. 어두운 표정은 생활의 불안을 이야기하는 듯합니다(The Illustrated London News / 1879년 4월 19일).

하지만 아버지의 공동 경영자와 만나 아버지의 사업이 성공했었음을 알게 되고, 최종적으로는 막대한 유산의 상속자가 됩니다. 토머스 하디의 『캐스터브리지의 시장(The Mayor of Casterbridge)』(1886년)에는 노동자계급에서 어퍼 미들 클래스까지 올라갔다가 전락해가는 남성의 인생이 묘사됩니다.

도박에 빠져 나락으로 떨어지는 자, 생활수준을 낮추지 못하고 빚에 쪼들려 머리가 돌아가지 않게 되는 자, 투자에 실패한 자. 중산계급에서의 탈락은 여주인에게 더 이상 나쁠 수 없는 불행한 일이었습니다. 남편의 빚을 갚기 위해, 후드로 얼굴을 가리고 전당포에 보석이나 은제품을 팔러 가는 부인도 끊이지 않았습니다. 이저벨라의 경우, 남편의 파산이 자신의 죽음 이후였기 때문에 행복하다고 할 수 있을지도 모르겠습니다.

표백한 아름다운 리넨은 풍요로움의 상징이었습니다. 세탁을 마친 리넨을 정성스레 정돈하는 여주인(The Graphic / 1890년 3월 22일).

대청소

봄을 맞이하며 반드시 해야만 하는 큰일은 대청소였습니다. 겨울 동안 쌓인 석회나 석유·가스에서 나온 연기와 티끌, 오물을 전부 제거하고 굴뚝 청소도 해야만 했습니다. 카펫도 전부 들어내 바닥을 청소하고, 실내의 회반죽과 벽지도 점검합니다. 필요하다면 페인트를 칠하고, 벽지를 다시 붙였습니다.

대청소이기 때문에, 서랍이나 찬장, 장식품, 지붕 밑, 기타 구석구석까지 청소합니다. 이런 장소에 쌓인 먼지는 해충 발생과 병의 원인이 되기 때문에 방심할 수 없습니다. 또 이 계절은 리넨류를 빨고, 표백하고, 필요에 따라 침대 커버나 모포 등 커다란 것들을 세탁하기에도 적합했습니다. 날씨가 선선할 때 작업하는 편이 몸에도 부담이 덜 가기 때문입니다. 겨울 커튼을 제거하고, 봄·여름용으로 색이 밝은 하얀 것으로 교체합니다.

모피나 울로 만든 의류는 옷걸이에서 꺼내 먼지를 제거하고, 브러시질을 해서 종이 또는 리넨으로 감싸 좀먹는 것을 방지합니다.

대청소는 굉장한 중노동이었지만, 집의 분위기를 밝게 하고 따뜻한 봄을 기다리는 마음으로 기분이 상쾌해지는 작업이었습니다.

임신·출산

결혼으로부터 약 1년. 신께서 도와주신다면 여주인의 몸에는 이미 또 하나의 생명이 깃들어 있을 것입니다. 여성에게 임신·출산이 중요한 일임은 지금도 옛날과 달라지지 않았습니다. 빅토리아 시대의 출산은 조산부(助産婦, 남성 조산부도 있었습니다)의 도움을 빌리며 자택에서 이루어졌습니다. 분만실이 될 방은 출산할 임신부만이 아니라, 그녀를 도와주는 사람들에게도 편안하고 좋은 공간으로 만들어 둘 필요가 있었습니다.

어린아이의 임종 장면. 빅토리아 시대는 현대와 비교하면 영·유아 사망률이 무척 높았고, 비극을 겪는 모친들이 끊이지 않았습니다(Anxious Moment : or Hospitals and Homes / 1876년판).

1830년경이 되자 남편이 출산에 입회하는 케이스도 늘어났습니다. 남편이 곁에 있으면 정신적으로 지지가 된다며 아내들도 환영했습니다. 빅토리아 여왕의 남편, 앨버트 공도 출산에 입회했던 모양입니다.

출산을 돕는 기술에 능하고 솜씨 좋게 대응할 수 있는 조산부는 많았지만, 그럼에도 의료가 늦어지거나 위생적이지 못한 환경 탓에 사망률이 높았던 것도 사실입니다. 상류계급, 중산계급 여성의 출산 수는 사산도 포함해 평균 5.3명이었습니다.

빅토리아 시대 사람들은 가벼운 편두통이나 치통이 있어도 바로 아편 팅크(알코올에 혼합하여 약제로 쓰는 물질)를 복용할 정도로 고통에 민감했기 때문에, 출산의 고통을 경감시키는 데도 아편 팅크가 많이 쓰였습니다.

1847년에는 세계에서 최초로 클로로포름 마취를 이용한 무통 분만도 실시되었습니다. 최초로 무통 분만을 경험한 여성은 '무척 기분 좋게 자고 일어난 느낌'이라며 그 훌륭함을 높이 평가했지만, 일반 국민은 아직 이 마취제를 어딘가 수상쩍다고 느끼고 있었고, 저널리스트들도 마취약이 범죄 목적으로 악용될 위험성을 우려하고 있었습니다.

하지만 1853년 빅토리아 여왕의 시의(侍醫) 존 스노(John Snow, 1813~1858)가 여왕의 출산 때 클로로포름을 사용함으로써, 영국 국민들의 불신감은 일소되었습니다. 찰스 디킨스는 1837년부터 1850년에 걸쳐 9명의 자식을 얻었는데, 막내 둘의 출산 시에는 부인에게 클로로포름을 사용한 무통 분만을 권했고, 효과를 보기 위해 분만에도 입회한 모양입니다.

1864년에는 여성에게 출산 이론과 조산술, 모친과 신생아의 산후 응급처치 등의 교육을 목표로 한 조산부 양성 여학교가 런던에 설립되었습니다. 이런 시설은 그때까지 없었기에 획기적이라며 화제를 모았습니다. 이러한 지식과 의학의 향상이 영·유아의 생존율을 높였고, 적게 낳고 확실하게 키우자는, 아이 하나에 드는 수고와 경제적 지출의 증가 경향으로도 이어졌습니다. 중산계급 사람들은 시시각각 진보하는 사회의 은혜를 입으면서, 미래를 짊어질 아이들에게 더 큰 희망을 맡기고 소중히 키웠습니다.

크리스닝 티

『비튼의 가정서』 1888년판의 3471번에는 '먼슬리 너스(Monthly

아이와 함께한 티타임(The Illustrated London News / 1872년 5월 18일).

Nurse)를 선택하는 것이 가장 중요하다'고 적혀 있습니다.

먼슬리 너스란 출산 후의 어머니와 아이를 돌보기 위해 임시로 1개월 정도 고용하는 하인을 말합니다. 출산 경험이 있는 30~50세 정도의 여성, 그리고 의사와 연계가 가능한 인물이 이상적으로 여겨졌습니다.

빅토리아 시대에는 아기가 생후 1개월 정도 지나면 세례 의식을 받게 되었는데, 그날 태어나서 처음으로 차도 체험했습니다. 이것을 '크리스닝 티(Christening Tea)'라 부릅니다. 세례 의식 후, 크리스닝 가운이라 불리는 하얀 가운으로 감싼 아기는 너스에게 최초의 홍차를 받게 됩니다. 이때의 홍차는 뜨겁지 않고, 레이스로 장식한 분유병에 우유나 벌꿀과 함께 준비되었습니다. 이렇게 생후 몇 개월 만에 처음으로 홍차 체험을 한 아기는 그 후에도 분유병에 든 밀크 티를 마시며 성장하게 됩니다.

너스메이드

아이의 성장을 지켜보고, 티타임을 함께했던 것이 보모인 너스메이드(Nursemaid)입니다. 빅토리아 시대에는 상류계층으로 올라가면 갈수록, 아이들의 테이블 매너, 말투, 몸가짐, 방 정리 등 예절 교육은 전부 너스메이스가 하는 것으로 되어 있었습니다. 이저벨라도 가정서에서 '비교적 연 수입이 낮은 중산계급의 가정이라 해도, 너

책을 찢어버린 아이들이 너스메이드에게 사죄하는 장면. 자신의 잘못을 인정할 수 있도록 아이를 가르치는 것은 중요한 일이었습니다(The Naughty Boy / John S. Davis / 1876년판).

스메이드는 고용하는 편이 좋다'고 제안합니다.

교육을 받을 연령이 되면 가정교사를 고용하거나 기숙학교에서 공부하는 것이 보통이었기 때문에, 태어난 후 계속 부모와 아이 간의 거리는 매우 멀었습니다. 빅토리아 시대 사람들은 사실 아이들의 실태를 잘 몰랐다고 할 수 있습니다. 물론 그러한 교육을 의문시하는 목소리도 나오긴 했으나, 전통적인 교육 제도는 아직 바뀌지 않았습니다.

저녁 식사 후의 티타임은 아이들과 양친이 함께하는 귀중한 시간이었습니다. 대부분의 가정에서는 아이들과 놀아주는 데 하루에 1시간 정도의 시간을 할애했던 것 같습니다(An Evening at Home / 1879년판).

식사도 입욕도 재우는 것도 너스메이드 담당이었기 때문에, 얼마나 신뢰할 수 있고 실적이 좋은 너스메이드를 고용하느냐가 부모에게 주어진 역할이었습니다.

너스메이드는 아이들을 귀여워할 뿐만 아니라, 장래 신사·숙녀가 될 수 있도록 엄하게 키워야만 했습니다. 하지만 너스메이드는 고용주와 동일한 중산계급 출신이 아니라, 노동자계급 출신이 태반이었습니다. 자신이 배워본 적이 없는 상류계급의 매너나 대화법을 가르쳐야 한다는 엄청난 임무를 짊어지게 됩니다. 게다가 아이의 방에서는 절대적인 권력을 지니고 있었음에도 너스메이드는 아이들보다도 계급이 아래였고, 아이들도 그걸 알고 있었기에 복잡한 관계가 완성되었습니다.

『비튼의 가정서』에서 이저벨라는 너스메이드의 자질에 대해 '너스에게는 인내와 상냥한 성품이 필수이며, 성실함, 바른 예의범절, 적당한 청결함, 어른스러움, 순종적일 것 또한 중요합니다'라고 했습니다. 또 다림질이나 이발, 바느질도 가능하다면 이상적이라고 여겨졌습니다.

어퍼 미들 클래스 가정에서는 아이들 숫자에 비례해 어시스턴트 너스가 배치되었습니다. 어시스턴트 너스는 청소나 침대 정리, 배설물 처리, 아이들의 식사 준비, 정리, 옷 갈아입히기와 세탁 등을 담당했습니다. 너스메이드를 한 명밖에 고용할 수 없는 작은 가정에서는, 너스메이드가 가정 내의 가사까지 맡아 처리하기 일쑤였고, 그럴 경우 여주인은 아이 돌보기와 집안일을 균형 있게 담당하게 하기 위해, 너스메이드를 잘 관찰하고 적절한 지시를 내릴 필요가 있었습니다.

너서리 룸

아이들은 너서리 룸(Nursery Room)이라 불리는 '아이 방'에서 하루

아이용 패션 카탈로그에도 티타임 장면이 실려 있습니다(The Young Ladies' Journal / 1893년 3월 1일).

를 보냈습니다. 너서리라는 단어는 현재 보육소, 나무 모종을 키우는 농가 등을 가리키지만, 오래된 영어에서는 아이 방을 의미합니다. 이저벨라는 너서리 룸에 대해 '아이들은 어른보다 환경에 의한 영향을 받기 쉬우므로 신선한 공기, 적절한 온도 관리가 중요합니다. 청결한 방, 의복, 침구도 필요하겠죠'라고 적었습니다. 어른과는 다른 체질을 지닌 아이를 건강하게 키우기 위한 방, 그것이 너서리 룸입니다. 빅토리아 여왕도 와이트섬의 오즈번하우스에 너서리 룸을 만들었습니다. 현재 그 3개의 방이 관광객에게 공개되고 있습니다.

아이 방에서 갖는 티타임을 너서리 티라 부릅니다. 때로는 소꿉 장난도 너서리 티라 불렀던 모양입니다. 추리소설가 애거사 크리스티(Agatha Christie, 1890~1976)는 소녀 시절에 "애거사의 차 모임이야"

너서리 룸에서 5명의 아이들을 돌보는 너스메이드. 굉장한 중노동입니다 (Home Book / 1880년판).

라고 말하면서 소꿉놀이를 했던 모양입니다. 그런 너서리 티의 대표적인 다과는 '버터를 바른 빵'이었습니다. 『이상한 나라의 앨리스』에서 앨리스가 숲속의 차 모임에서 차와 같이 먹으려 했던 것도 버터를 바른 빵이었습니다.

 아이용 티 세트를 선물받아 신이 난 자매. 물론 도자기로 만들어져 있습니다(The Great Atlantic Pacific Tea Company / 1880년대).

장난감 차 도구

아이들은 어떤 차 도구로 티타임을 즐겼던 걸까요. 빅토리아 시대에는 너서리 룸용 가구, 벽지까지 판매되고 있었습니다. 당연히 티 세트도 생산되었습니다. 티 세트는 아이들의 손 크기에 맞도록 (아니면 아이들의 연령에 맞춰) 여러 종류가 준비되어 있었습니다. 격언이 쓰여 있는 것이나, 아이들이 좋아하는 동화나 그림책의 한 장면이 그려진 것도 많았습니다.

아이들은 인형놀이를 하거나 인형의 집을 가지고 놀 때도 티타임을 즐겼습니다. 빅토리아 시대의 교육자는 여성은 태어날 때부터

정교하게 만들어진 인형의 집은 아이들의 정조(情操) 교육에 빼놓을 수 없는 장난감이었습니다(Hinde's London Sample Room, la, City-Road, Finsbury, London, E. C / 1888년 11월 17일).

모성애를 지니고 있다고 생각했으며, 여자 아이의 인형놀이를 강력히 추천했습니다. 인형은 원래 주술적인 역할을 지니고 있었지만, 빅토리아 시대에는 소녀들을 위한 교육용 장난감으로서의 역할이 주어지게 되었고, 그 모습도 어른만이 아니라 아이나 아기의 모습으로도 만들어지게 되었습니다.

아이들의 티 파티

소꿉놀이를 하면서 티타임을 경험한 아이들은, 생일 등 특별한

홍차 회사의 트레이딩 카드. 아이들의 티 파티가 그려져 있습니다. 앞쪽의 소녀는 인형에게도 차를 권하고 있습니다(The Union Pacific Tea Company / 1890년대).

기회에 아이들끼리 모여 티 파티를 했습니다. 초대장을 보내고, 메뉴를 정하고, 테이블보에 다림질을 하고, 은식기를 닦고, 티 푸드를 만들고, 홍차를 만드는 것도 아이들이 했습니다. 물론 지도는 너스메이드가 했습니다.

이런 티 파티에서 부모님은 아이들의 화려하게 차려입은 모습을 멀리서 관찰하고, 얼마나 괜찮게 보이느냐로 너스메이드를 평가했던 모양입니다.

어느 정도 성장한 아이들은 때로는 어른과 같이 티타임을 즐기기도 했습니다. 갑자기 손님을 만났다가 실수라도 하면 안 되기에, 우

(위) 할머니의 기념일에 손녀가 피아노 연주를 선물하고 있습니다. 손주의 교육적 성과를 알게 되는 것은 할머니에게도 기쁨이었습니다(La Famille / 1885년 1월 25일).

(아래) 정조 교육을 받은 아이들의 티타임. 표정에서 어딘가 어른스러움이 느껴지는 것은 교육 덕분일까요?(Prince Politery Allow Puss to Precede Him in Refreshments at our Afternoon Tea / 1896년 판).

대중 광고로 인기를 모았던 홍차 회사 '마자왓테(Mazawatte)'의 광고. 할아버지와 손녀의 정겨운 티타임입니다(The Country Press, Bradford / 1898년판).

선은 놀러 온 조부모 등과 함께 차 시간을 공유했습니다. 양친이 피크닉에 데려가는 아이가 있다면, 그 아이는 세상에 드러내도 될 정도로 예의범절을 익혔다는 것을 의미했습니다.

어머니로서의 의무

이저벨라는 가정서에서 '한 가정의 여주인의 역할은 세간에서 생각하는 것보다 훨씬 중요한 것으로, 사회적으로도 인정받아야 한다'고 했습니다. 그 모습은 미래를 담당할 아이들에게도 커다란 영향을 미쳤습니다. 딸이 있으면 딸은 모든 집안일을 어머니의 생각이나 태도를 기준으로 판단하게 되겠죠. 여주인은 자기 자신의 책임에 유의하면서, 보기 흉한 태도를 취하거나 상스러운 말을 입에 담거나 해서는 안 되며, 자신이 알고 있는 가사에 관한 모든 것을 딸에게 전할 의무가 있습니다.

이저벨라는 호소했습니다. '젊은 사람들은 외부의 자극을 원하기 마련입니다. 그들에게 가정 안이야말로 건전한 오락과 안식, 행복이 있는 곳임을 전해야만 합니다. 특히 자신의 아이들에게는 세상에서 가장 즐거운 곳은 가정이라는 것을 인식시킵시다, 아이들이 가정을 그렇게 생각하는 마음이 바로 부모가 아이들에게 줄 수 있는 최고의 선물 중 하나입니다'라고요.

저녁 식사 후의 시간은 마음이 편해지고 편안하게 보낼 수 있는 시간입니다. 어린 자매나 아이들이 같이 있다면, 여주인은 밤이 즐거워지는 재미있고 유쾌한 놀이를 제안하는 것도 중요한 일입니다. 체스나 보드 게임을 하거나, 그들이 흥미를 가질 법한 문학 작품을 낭독하거나 하는 것도 즐거운 일이라고 이저벨라는 말했습니다.

이저벨라는 아이를 넷 출산했는데, 불행하게도 첫째는 몇 달 지

밤의 대면 시간에는 어머니가 아이들을 위해 책을 읽어주는 가정도 많았던 모양입니다(A Thrilling Story / The Graphic Christmas Number / 1879년판).

 당시에는 『비튼의 가정서』 외에도 수많은 가정서가 출판되었습니다. 『내게 물어 봐(Consult Me)』의 삽화에는 딸처럼 보이는 젊은 여성에게 요리를 가르쳐 주는 여주인이 그려져 있습니다(Consult Me / 1883년판).

나지 않아 병사, 둘째는 성홍열로 세 살 때 사망, 셋째와는 1년 몇 개월 만에 이저벨라 자신의 병사로 이별했고, 넷째는 그 아이를 손에 안아볼 수조차 없었습니다. 어머니로서의 이저벨라는 남에게 무언가를 전해줄 수 있을 정도의 경험은 할 수 없었지만, 20명의 형제자매가 있었고, 어린 동생들을 돌보면서 육아에 가까운 경험을 쌓았고, 가정의 소중함을 실감했음이 분명합니다.

바느질 중인 어머니 곁에서 편안한 시간을 보내는 아이들. 『비튼의 가정서』에도 저녁 식사 후 아이들과 함께 시간을 보낼 것을 추천했습니다(The Illustrated London News / 1880년 3월 15일).

『비튼의 가정서』에 의존할 필요가 없는 쾌적한 가정생활을 보낼 수 있는지의 여부는 모친에게 달려 있다, 여성이여, 힘내라고, 이저벨라는 책을 편집하면서 커다란 성원을 보내고 있었던 건지도 모릅니다.

여주인의 성장

1년이 눈 깜짝할 새 지나고, 정신을 차려보면 결혼기념일입니다. 3단으로 만들어진 빅토리아 시대의 웨딩 케이크는 가장 아래의 커다란 단은 결혼식에 참석한 내빈들 몫이었고, 2단째는 식에 참가하지 못했지만 축하를 보냈던 분들에게 답례로 주고, 그리고 3단째는 결혼 1주년의 기념일 또는 처음으로 아이가 탄생한 날을 축하하는 것이었습니다. 그녀들은 어떤 마음으로 그 케이크를 먹었을까요.

가정서를 한 손에 들고, 익숙하지 않은 주부 일에 악전고투하던 초보 여주인들. 이저벨라 본인도 스스로가 가정서에서 설명한 품행 방정한 이상적인 여주인상과 가사나 출판 일에 악전고투하는 현실의 자신 사이에 가로놓인 갭 때문에 고민하는 일이 많았던 모양입니다. 하지만 1년의 생활을 통해 그녀들은 다양한 경험을 겪으며 성장했을 것입니다. 형식을 신경 쓰면서 시작했던 '접대'나 '사교'도 조금씩 마음을 담아 자기만의 스타일로 어레인지할 수 있게 되었겠죠. 이처럼 '가정의 천사'라 불렸던 빅토리아 시대의 여주인의 모습은, 그저 우아하게 미소를 짓기만 하는 것이 아닌, 듬직함으로 가득한 일면도 있었습니다.

이저벨라는 워싱턴 어빙(Washington Irving, 1783~1859)의 말을 인용해 수많은 주부들을 격려했습니다. '진실된 접대에는 마음에서 우러나온 무언가가 있습니다. 그것이 무엇인지를 말로 설명하기는 어렵지만, 그 마음은 누구나 느낄 수 있는 것으로, 사람을 안심하게 만들어줍니다.'

빅토리아 시대의 사람과 사람의 관계는 작은 '가정'이라는 단위부터 천천히 실을 자아내듯 커져갔습니다. 인터넷을 통해 다른 사람과 간단히 만날 수 있게 된 지금도, 자신의 집을 '하우스'라 부르지 않고 '홈'이라 부르는 영국인을 보면, 빅토리아 시대의 미덕을 이어받은 것처럼 느껴집니다. 이저벨라가 말했던 가정의 소중함이란 변하지 않는 것입니다.

가족의 미소가 넘쳐나는 티타임. 그 중심에 있는 것은 여주인입니다 (1885년판).

『비튼의 가정서』란

 이 책『도해 빅토리아 시대의 생활 : 비튼 부인에게 배우는 영국풍 라이프 스타일』을 출판하고 4년이 지났습니다. 2018년에는『도해 영국의 주택』의 집필 기회도 얻게 되어, 빅토리아 시대의 생활 전반에 더욱 흥미와 관심을 갖게 된 저희입니다. 올해 도쿄 올림픽을 맞이하는 일본에서는 4년 전과 변함없이 '접대'가 시대의 캐치 카피가 되었습니다. 하지만 과잉 접대를 제공하려 하면 수많은 노동자들이 부담을 강요받게 되거나, 마음이 담기지 않은 의례적인 접대에 의문을 느끼는 사람도 늘어나는 등… 이저벨라 비튼의 이상적인 '진실된 접대는 누구에게나 자연스럽게 느껴지고, 사람을 안심하게 한다'와는 굉장히 멀리 있는 것처럼 느껴집니다.

 그런 시대에『비튼의 가정서』란 무엇인지를 다시 한 번 생각해보았습니다. 1,000페이지에 달하는 이 가정서에 실려 있는 것은, 빅토리아 시대 중산계급의 완벽한 생활 지표입니다. 여기에 제시된 주부상은 '완벽'한 인물입니다. 편집자인 이저벨라 비튼조차 가정서에

빅토리아 시대의 인테리어는 지금도 동경하는 사람이 많습니다. 빅토리아 시대의 주택 그 자체에 대해서는 저서 『도해 영국의 주택』을 참조해주십시오.

제시한 생활과 자신의 생활 간의 갭 때문에 고뇌했습니다.

가정서에 묘사된 것처럼 완벽한 주부가 과연 있는 걸까, 모두 우상은 아닐까. 그런 가정서의 약점을 보완한 것이 이저벨라의 죽음이었던 것이 아닐까요. 28세라는 빅토리아 시대 중산계급의 평균연령보다도 훨씬 빨리 사망함으로써, 이저벨라는 전설적인 카리스마 주부가 되었고, 죽고 나서도 『비튼의 가정서』의 매상에 공헌한 것입니다.

현대에서도 주부가 삶의 지표로 삼고자 사고 싶어 하는 '수납', '인테리어', '미니멀 라이프', '레시피', '테이블 코디네이트', '에티켓' 등의 실용서는 어디까지나 '이렇게 할 수 있으면 완벽합니다'라는 이상을 제시하는 내용이 대부분입니다. 전부 흉내 낼 수는 없지만 '이 부분은 노력해보자', '이 부분은 우리 집에도 적용할 수 있겠어' 하는 정도의 만족은 얻을 수 있겠죠. 가정에 대한 사람들의 이상이 사라지지 않는 한, 이저벨라가 남긴 『비튼의 가정서』에 대한 흥미와 관심은 사라지지 않을지도 모릅니다.

(왼쪽)차를 끓이기 위한 주전자 등 생활에 필요한 물품들이 전시되어 있습니다.

(아래)빅토리아&앨버트 뮤지엄의 『비튼의 가정서』 코너. 아침 식사용 식기 일습이 전시되어 있습니다.

빅토리아&앨버트 뮤지엄에서 즐기는 『비튼의 가정서』

　이 책의 198페이지에서 소개한 '빅토리아&앨버트 뮤지엄'의 2층에 있는 영국의 19세기 생활을 소개하는 전시회 한쪽에 『비튼의 가정서』를 재현한 코너가 마련돼 있습니다. 그곳에는 88페이지에서 소개한 그림 '아침 식사용 식기'의 실물이 전시되어 있습니다. 식기는 전부 19세기의 것입니다. 하나하나의 식기에는 번호가 붙어 있으며, 어떤 용도로 쓰였는지 자세한 주석이 별지에 정리되어 있으니, 흥미 있는 분은 서로 맞춰보면서 천천히 학습하시는 것을 추천합니다.

　옆에는 가정서에 등장하는 이상적인 디너 테이블 세팅이 전시되어 있습니다. 유행하던 꽃병, 꽃 어레인지, 룰에 따른 식기 배열 방법. 이쪽도 19세기의 식기를 사용해 재현되어 있습니다.

　또 1층의 패션 역사를 소개하는 코너에서는 이저벨라 비튼이 살던 시대의 여성들이 입었던 드레스 실물을 볼 수도 있습니다. 여성들이 사용했던 구두나 백, 부채, 모자 등 소품도 풍부하게 전시되어

(왼쪽) 디너용 테이블 세팅. 식기는 전부 당시의 것들로 구성되어 있습니다.
(오른쪽) 빅토리아 시대의 출산 장면. 출산은 가정에서 이루어졌습니다.

있으므로 부디 한번 방문해주십시오.

그리고 '빅토리아&앨버트 뮤지엄'의 분관, 아이들을 테마로 세계 최대 규모로 지은 '빅토리아&앨버트 어린이 뮤지엄'도 빅토리아 시대를 알기 위해서는 방문해야 할 스팟일 겁니다. 어린이 뮤지엄에는 19세기의 중산계급 아이들이 실제로 가지고 놀던 인형집과 인형 등 당시의 장난감이 진열되어 있어 시대를 더욱 깊이 이해할 수 있습니다. 본관과 약간 거리가 있지만, 가볼 가치가 있는 박물관입니다.

아울러 빅토리아 시대의 의료에 관심이 있는 분에게는, '빅토리아&앨버트 뮤지엄' 옆에 위치한 '사이언스 뮤지엄'도 추천합니다. 이쪽은 런던에 있는 국립 과학산업박물관에 속한 과학박물관입니다. 천문학, 기상학, 생화학, 전자기학, 항해학, 항공학, 사진술 등 다양한 분야에 걸쳐 전시되어 있습니다.

독자분들께 추천하는 것은 4층의 치료 기술의 진화를 해설한 전시입니다. 고대 이집트에서 현대에 이르기까지, 다양한 시대의 의

빅토리아 시대의 웨딩드레스와 상복.

학 치료 기술을 알기 쉽도록 디오라마로 전시하고 있습니다. 중산
계급 여성의 출산을 재현한 디오라마에서는 당시 가정의 숨결이 들
려오는 것만 같습니다. 이 박물관에서 빅토리아 시대의 전염병이나
치료 방법, 약 등 가정의학에 관한 자료를 접함으로써, 의료 측면에
서 『비튼의 가정서』에 대해 더 깊이 이해해보는 건 어떨까요.

　이 책의 199~203페이지에 소개한 '대영박물관', '내셔널 갤러리',

'테이트 브리튼', '런던 동물원', '런던 수족관'도 물론 아직 건재합니다. 당시의 사람들이 푹 빠졌던 전시품들을 보게 되면 시대에 대한 이해도를 높일 수 있지 않을까요.

인형의 집의 한 방. 손님은 모자를 쓴 상태이고, 당시의 에티켓도 재현되어 있습니다.

어린이 박물관에 전시되어 있는 인형의 집.

빅토리아 시대의 거리를 재현한 실내 전시

　영국에는 빅토리아 시대의 거리를 재현한 실내 박물관이 여러 개 있습니다. 그중에서도 규모가 크고 유명한 장소를 소개하겠습니다.

　하나는 런던에 있는 '런던 박물관'입니다. 이쪽은 고대부터 현재에 이르기까지의 런던의 역사를 디오라마와 전시품으로 소개하는, 세계에서 다섯 손가락 안에 들어갈 정도로 거대한 시립 박물관입니다.

　이 책의 독자에게 특히 추천하고 싶은 것은 빅토리아 시대의 거리를 재현한 '빅토리안 워크'라는 전시입니다. 19세기의 거리를 그대로 보여주는 이 작은 거리에는, 여러 개의 상점이 재현되어 있습니다. 거리 입구에는 '장난감 가게'가 들어서 있고, 쇼윈도에는 너서리 룸에서 사용되었을 법한 소꿉놀이용 티 세트가 진열되어 있어, 나도 모르게 달려가게 되고 맙니다.

　담배 가게, 약국, 문구점, 이발소, 양복점, 홍차와 커피를 보관해두는 창고…, 그리고 본문에서도 소개했던 전당포도 존재합니다. 전당포 앞에는 티 세트나 은제 식기 등이 아름답게 전시되어 있어

서 한순간 식기점인가 하고 착각에 빠지기 쉽지만, 일용품을 전당포에 맡길 수밖에 없을 만큼 곤궁에 처한 사람도 있을 정도로, 빅토리아 시대의 중산계급 사람들의 금전 상황의 부침이 격렬했음을 다시금 느꼈습니다.

이 거리에서는 쇼윈도

어린이용 차 도구가 진열되어 있습니다. 물론 도자기로 만들어져 있습니다.

(아래) 런던 박물관의 '빅토리안 워크' 입구의 장난감 가게.

와 점포 내에 진열된 상품은 전부 당시의 골동품으로 구성되어 있습니다. 진짜가 지닌 힘은 훌륭합니다. 지금보다 장인의 손길이 훨씬 많이 들어간 훌륭한 작품들, 소재의 중후함, 섬세함… 가게를 들여다보고 있는 것만으로도 빅토리아 시대의 상점에서 쇼핑을 하는 듯한 기분에 빠지게 됩니다.

거리에는 공중 화장실까지 재현되어 있고, 어스름한 거리 또한 당시의 스타일이므로, 부디 시간 여행을 하는 기분으로 전시를 즐겨주시기 바랍니다.

비슷한 콘셉트의 박물관으로 또 하나 추천하고 싶은 것이 북잉글랜드에 있는 '요크성 박물관(York Castle Museum)'입니다. 이쪽도 대규모로 빅토리아 시대의 거리를 재현했습니다. 빛의 연출도 확실해서, 시간의 경과와 함께 밤이 오고, 칠흑같이 어두워지고… 다시 해

(가운데) '요크성 박물관'에 재현된 빅토리아 시대의 거리.
(오른쪽) 핸섬 캡은 홈즈 팬이라면 꼭 봐야 할 전시물.

가 뜨고… 이런 식으로 빅토리아 시대의 삶을 빛으로도 체감할 수 있도록 되어 있습니다. 거리에는 당시의 요크에서 인기 있던 초콜릿 상점, 철물점, 양복점, 식기점, 밀랍 가게 등 수많은 상점과 시민의 생활을 지탱해주던 소방서나 경찰서, 학교 교실 등 공공기관도 재현되어 있습니다. 거리에는 당시 사용되었던 마차도 있습니다. 핸섬 캡(Handsome Cab, 한 마리가 끄는 2륜 2석의 마차-역자 주)이라 불리던 이 마차는 요크 출신 건축가의 이름에서 따왔다던가요. 핸섬 캡은 셜록 홈즈 드라마 등에도 빈번하게 등장하므로, 실물을 볼 수 있는 것은 매우 기쁜 일입니다.

식료 잡화점의 쇼윈도. 립톤사의 광고가 눈길을 끕니다.

빅토리아 시대의 마을을 재현한 야외 테마파크

영국에는 다양한 시대를 재현한 야외 박물관도 다수 존재합니다. 그중에서도 독자분들께 추천하고 싶은 것이 '블리스츠 힐 빅토리안 타운(Blists Hill Victorian Town)'입니다. 이곳은 빅토리아 시대에 존재했던 '콜브룩데일(Coalbrookdale)'의 거리를 충실하게 재현한, 아이언브리지 계곡(Ironbridge Gorge)에 있는 실외 박물관입니다.

빅토리아 시대 당시 이 지역의 산업이던 벽돌과 타일 공장, 용광로, 주조소나 광산 등은 당시 모습 그대로 남아 있습니다.

마을에 들어가면 은행, 식료잡화점, 약국, 빵 가게, 과자 가게, 정육점, 밀랍 가게, 펍, 사진관, 마을 의원, 학교 등 생활에 필요한 다양한 점포가 늘어서 있습니다. 입구에서 마을 지도를 받을 수 있으므로, 당시의 사람이 된 기분으로 점포에서 쇼핑을 하거나 일반 주택을 방문할 수 있는 체험형 박물관입니다.

일하는 사람, 마을에서 생활하는 주민 역할을 하는 사람은 빅토리아 시대의 의상을 입고, 캐스트로서 행동합니다. 영어도 당시 스

'블리스츠 힐 빅토리안 타운'에 재현된 탄광.

타일로, 회화도 물론 당시 시대를 고려해서 합니다. 그들은 실제로
자택이나 펍에서 취식을 하기도 하는 등 연출에 공을 들입니다. 캐
스트에게 이쪽이 말을 거는 것도 가능하며, 저쪽에서 말을 걸어오
기도 합니다.

이 마을을 즐기기 위해서는, 먼저 입구 부근에 있는 은행에서 현
재 화폐를 옛날 돈으로 환금할 필요가 있습니다. 환전한 코인으로
마을 안에서 쇼핑도 즐길 수 있는 시스템입니다.

약국에서는 옛날부터 내려오는 비누나 향수, 허브를 사용한 향료
주머니 등을, 식료잡화점에서는 크리스마스 푸딩 등 영국 특유의
과자를 구입할 수도 있습니다. 옷 가게에서는 실제로 캐스트가 그
자리에서 바느질한 손수건이나 레이스 모자 등 소품 구매도 가능합

(왼쪽) 일반 주택의 인테리어. 로워 미들 클래스의 가정이라는 설정입니다.
(오른쪽) 일용품점에서 쇼핑을 하는 캐스트. 우리도 구입할 수 있습니다.

니다. 인쇄소에서는 당시의 방법으로 인쇄한 신문과 광고를 살 수
도 있습니다. 빵 가게에서는 갓 구운 과일 빵도 먹을 수 있으며, 펍
에서는 당시의 분위기로 에일을 즐길 수도 있으니 부디 런치를 겸
해 가보는 건 어떨까요.

규모만 말하자면 '블리스츠 힐 빅토리안 타운'의 몇 배는 되는 '비
미시 박물관(Beamish Museum)'도 추천하는 실외 박물관입니다. 더럼
(Durham)에서 버스로 가는 이 박물관은, 빅토리아 시대에만 특화된
블리스츠 힐과는 달리 1820~1940년대까지 폭넓은 시대를 다루고
있습니다.

조지안 시대의 농촌에서 시작해서, 빅토리아 시대의 마을, 그리
고 20세기의 마을까지, 캐스트의 복장과 교통수단도 점점 바뀌며,
시대의 변화를 피부로 느낄 수 있는 것도 기쁜 부분입니다. 최초에

노동자계급의 주택. 계급에 따른 사람들의 생활을 비교할 수 있어 무척 흥미롭습니다.

는 교통수단이 걷거나 마차뿐이지만, 시대가 지남에 따라 기차나 자동차 등도 등장합니다. 일반 주택 방문을 즐길 수 있는 내부는, 농촌 노동자의 집과 마을 안의 중산계급의 집의 사용 도구 등의 격차도 제대로 표현되어 있습니다.

마을에는 과자점, 빵 가게, 식료잡화점(홍차나 커피를 취급하기도), 은행, 용품점, 철물점 등의 상점이 늘어서 있으며, 당연히 쇼핑도 가능합니다. 교외는 쇠퇴한 분위기로 만들어져 있는데, 마을로 가면 캐스트 숫자도 늘어나니 주고받는 회화나 사진 촬영도 더욱 즐거울 겁니다.

후기

 저희가 운영하는 홍차 교실에서는 '맛있는 홍차'를 다양한 요소로 만드는 '종합예술'로 해석하고 있습니다. 찻잎의 품질을 알아보는 힘, 올바르게 끓이는 지식, 곁들여 먹는 과자와 식기에 대한 고집, 가슴이 뛰는 회화, 편히 쉴 수 있는 인테리어, 영국 문화와 역사에 대한 교양. 이런 것들 전부가 '가정'에서 키워온 것으로, 빅토리아 시대에 집대성되었습니다.

그런 빅토리아 시대의 홍차 생활에 빼놓을 수 없는 존재가 가정서였습니다. 편집자이신 무라마쓰 교코(村松恭子) 씨가 "빅토리아 시대의 여성 생활을 테마로 한 권 씁시다"라고 말씀하셨을 때, 빅토리아 시대의 베스트셀러인『비튼의 가정서』를 주축으로 써보자라는 이 책의 집필 기획이 시작되었습니다. 자유로운 집필을 흔쾌히 허락해주신 무라마쓰 씨, 편집에 관여하신 문필·번역가이신 오쿠다 미키(奥田実紀) 씨에게는 감사의 마음으로 가득합니다.

가정을 꾸릴 때나 접대할 때 하인의 힘이 필수였던 빅토리아 시대와 다르게, 현대의 우리 생활에 하인은 없습니다. 우리에게는 하인을 대신하는 유능한 전자 제품, 발달한 교통망, 전화, 인터넷이라는 연락 및 정보 입수 수단, 심야까지 영업하는 점포 등 당시에는 상상조차 할 수 없을 정도로 편리한 환경이 있기 때문입니다. 인터넷을 통한 만남이 늘어나고, 집에 사람을 초대하지 않더라도 레스토랑이나 카페에서 시간을 공유할 수 있게 된 현재, 몇 번이고 얼굴을 마주 보는 상대라 해도 '주소를 모른다', '서로의 가족을 모른다'는 것은 별로 놀라운 일이 아니게 되었습니다. 자택을 주변 사람들만의 폐쇄적인 공간으로 삼고, 타인을 초대하는 것을 꺼리는 가정도 그리 드물지 않습니다. 그것은 시대의 풍조일지도 모르지만, 사람을 사귀는 것이 얼마나 어려운지, 교양이 얼마나 중요한지, 차세대를 이어받을 아이들에 대한 마음 등은 몇십 년이 지나도 변하지 않는 소중한 테마이며, 빅토리아 시대의 삶을 돌아보는 것은 우리들의 생활 속에서 소홀히 했던 것을 떠올리는 계기가 될 것만 같습니다. 그리고 그것이 앞으로 자신의 생활방식이나 가정을 만들어가는 방식에 조금이라도 좋은 영향을 미치게 되지 않을까요.

21세기에 세계에 자랑할 만한 일본의 문화가 '접대'라고 한다면, 그건 먼저 '가정'에서 키우고, 가족에게, 그리고 주변 지인에게, 그리고 타인 순서로 발신되는 것이라 저는 생각합니다. 그 마음을 자택 살롱을 통해 앞으로도 발신해나가고자 합니다. 사전처럼 두꺼운 『비튼의 가정서』의 번역에 협력해준 재학생 아다치(安達) 씨, 이이시마(飯島) 씨, 다나카(田中) 씨, 그리고 통상 레슨과 병행하면서 이 책의 집필을 팀 워크로 지탱해준 교실 스태프분들과는 가정서가 말하는 접대의 마음의 소중함을 서로가 공감했던 몇 개월이었습니다. 이 책을 봐주신 독자 여러분께도 빅토리아 시대 사람들의 미덕이 조금이라도 전해졌다면 더할 나위 없이 기쁘겠습니다.

Cha Tea 홍차 교실 대표 다치카와 미도리(立川碧)

참고 문헌

- 『폭풍의 언덕(嵐が丘)』 상·하 에밀리 브론테(エミリー·ブロンテ) 아베 도모지(阿部知二) 역 이와나미분코(岩波文庫), 1960. 7.
- 『제인 에어(ジェーン·エア)』 샬럿 브론테(シャーロット·ブロンテ) 오쿠보 야스오(大久保康雄) 역 신초분코(新潮文庫), 1953. 2.~1954. 1.
- 『크리스마스 북스(クリスマス·ブックス)』 잘스 디킨스(チャールズ·ディケンズ) 고이케 시게루(小池滋)·무라마쓰 마사이에(村松昌家) 역 지쿠마분고(ちくま文庫), 1991. 12.
- 『디킨스 단편집(ディケンズ短篇集)』 찰스 디킨스(チャールズ·ディケンズ) 고이케 시게루(小池滋)·이시즈카 유코(石塚裕子) 역 이와나미분코(岩波文庫), 1986. 4.
- 『올리버 트위스트(オリバー·ツイスト)』 상·하 찰스 디킨스(チャールズ·ディケンズ) 나카무라 요시미(中村能三) 역 신초분코(新潮文庫), 1955. 5.
- 『위대한 유산(大いなる遺産)』 상·하 찰스 디킨스(チャールズ·ディケンズ) 야마니시 에이이치(山西英一) 역 신초분코(新潮文庫), 1951. 11.
- 『두 도시 이야기(二都物語)』 찰스 디킨스(チャールズ·ディケンズ) 나카노 요시오(中野好夫) 역 신초분코(新潮文庫), 1967. 1.
- 『데이비드 코퍼필드(デイヴィッド·コパフィールド) 1~4』 찰스 디킨스(チャールズ·ディケンズ) 나카노 요시오(中野好夫) 역 신초분코(新潮文庫), 1967. 2~4.
- 『전망 좋은 방(眺めのいい部屋)』 E.M 포스터(フォースター) 니시자키 켄(西崎憲)·나카지마 도모코(中島朋子) 역 지쿠마분고(ちくま文庫), 2001. 9.
- 『여성들만의 마을—크랜퍼드(女だけの町—クランフォード)』 개스켈(ギャスケル) 고이케 시게루(小池滋) 역 이와나미분코(岩波文庫), 1986. 8.
- 『살로메 윈더미어경 부인의 부채(サロメ·ウィンダミア卿夫人の扇)』 오스카 와일드(オスカー·ワイルド) 니시무라 고지(西村孝二) 역 신초분코(新潮文庫), 1953. 4.
- 『이상의 결혼(理想の結婚)』 오스카 와일드(オスカー·ワイルド) 구리야가와 게이코(廚川圭子) 역 가도카와분코(角川文庫), 1954. 12.
- 『하워즈 엔드(ハワーズ·エンド)』 오스카 와일드(オスカー·ワイルド) 요시다 겐이치(吉田健一) 역 가와데쇼보신샤(河出書房新社), 2008. 5.
- 『계급에 붙잡힌 사람들—영국 미들 클래스의 생활과 의견(階級にとりつかれた人々—英国ミ

ドル・クラスの生活と意見)』아라이 메구미(新井潤美) 주코신쇼(中公新書), 2001. 5.

- 『하인들의 대영제국(召使いたちの大英帝国)』고바야시 아키오(小林章夫) 요센샤(洋泉社), 2005. 7.
- 『빅토리아 시대의 소설―여성과 결혼(ヴィクトリア朝の小説―女性と結婚)』우치다 요시쓰구 (内田能嗣) 에이호샤(英宝社), 1999. 9.
- 『브론테와 예술―실생활의 시점에서(ブロンテと芸術―実生活の視点から)』우다 가즈코(宇田和子), 오노 유키코(小野ゆき子), 다나카 요시코(田中淑子), 사토 이쿠코(佐藤郁子) 오사카쿄이쿠토쇼(大阪教育図書), 2010. 10.
- 『영국 하층 중산계급의 사회사(イギリス下層中産階級の社会史)』제프리 크로식(ジェフリー・クロシック) 시마 고지(島浩二) 역 호리츠분카샤(法律文化社), 1990. 9.
- 『빅토리아 시대의 성과 결혼―성을 둘러싼 26가지 신화(ヴィクトリア朝の性と結婚―性をめぐる26の神話)』와타라이 요시이치(度会好一) 역 주코신쇼(中公新書), 1997. 4.
- 『사랑의 빅토리안 주얼리―화려한 영국의 라이프 스타일(愛のヴィクトリアン・ジュエリー―華麗なる英国のライフスタイル)』아키바 데루에(穐葉昭江), 다이애나 스카이스블릭(ダイアナ・スカイスブリック), 해럴드 브라운(ハロルド・ブラウン), 다이앤 크라이스(ダイアン・クライス), 와니 리카(和仁りか) 헤이본샤(平凡社), 2010. 2.
- 『19세기 영국의 일상생활(十九世紀イギリスの日常生活)』크리스틴 휴즈(クリスティン・ヒューズ), 우에마쓰 야스오(植松靖夫) 역 쇼하쿠샤(松柏社), 1999. 11.
- 『영국 빅토리아 시대의 키친(英国ヴィクトリア朝のキッチン)』제니퍼 데이비즈(ジェニファー・デイヴィス) 시라이 요시아키(白井義昭) 역 사이류샤(彩流社), 1998. 7.
- 『영국 메이드의 세계(英国メイドの世界)』구가 마키(久我真樹) 고단샤(講談社), 2010. 11.
- 『셜록 홈즈와 보는 빅토리아 시대 영국의 식탁과 생활(シャーロック・ホームズと見るヴィクトリア朝英国の食卓と生活)』세키야 에쓰코(関矢悦子) 하라쇼보(原書房), 2014. 3.
- 『<음식>으로 읽는 영국 소설―욕망의 변용(<食>で読むイギリス小説―欲望の変容)』아다치 마미(安達まみ), 나카가와 도모코(中川僚子) 미네르바쇼보(ミネルヴァ書房), 2004. 6.
- 『<인테리어>로 읽는 영국 소설―실내 공간의 변용(<インテリア>で読むイギリス小説―室内空間の変容)』히사모리 가즈코(久守和子), 나카가와 도모코(中川僚子) 미네르바쇼보(ミネルヴァ書房), 2003. 5.
- 『<의상>으로 읽는 영국 소설―치장의 변용(<衣裳>で読むイギリス小説―装いの変容)』히사모리 가즈코(久守和子), 구보타 노리코(窪田憲子) 미네르바쇼보(ミネルヴァ書房) 2004. 6.
- 『만국박람회의 연구(万国博覧会の研究)』요시다 미쓰쿠니(吉田光邦) 시분카쿠출판(思文閣出版), 1986. 2.

- 『빅토리아 시대의 실내장식—여성들의 유토피아(ヴィクトリア時代の室内装飾—女性たちのユートピア)』요시무라 노리코(吉村典子), 가와바타 아리코(川端有子), 무라카미 리코(村上リコ) LIXIL출판(LIXIL出版), 2013. 8.
- 『세계의 식문화 <17> 영국(世界の食文化 <17> イギリス)』가와키타 미노루(川北稔) 농산어촌문화협회(農文協), 2006. 7.
- 『영국 홍차 사전—문학으로 보는 식문화(イギリス紅茶事典—文学にみる食文化)』미타니 야스유키(三谷康之) 니치가이어소시에이트(日外アソシエーツ), 2002. 5.
- 『영국 문화 55개의 키워드(イギリス文化55のキーワード)』기노시타 다카시(木下卓), 구보타 노리코(窪田憲子), 히사모리 가즈코(久守和子) 미네르바쇼보(ミネルヴァ書房), 2009. 6.
- 『영국 제사 캘린더(イギリス祭事カレンダー)』미야키타 게이코(宮北惠子), 히라바야시 미토코(平林美都子) 사이류샤(彩流社), 2006. 9.
- 『영국 제사·민속 사전(イギリス祭事·民俗事典)』찰스 카이틀리(チャールズ·カイトリー), 시부야 쓰토무(渋谷勉) 역 다이슈칸쇼텐(大修館書店), 1992. 10.
- 『영국의 생활과 가든—생활을 즐기는 에센스(イギリスの住まいとガーデン—暮らしを楽しむエッセンス)』가와이 도시히로(川井俊弘), TOTO출판(TOTO出版), 2003. 12.
- 『도해 영국 레이디의 세계(図説 英国レディの世界)』이와타 요리코(岩田託子), 가와바타 아리코(川端有子) 가와데쇼보신샤(河出書房新社), 2011. 2.
- 『도해 영국 인테리어의 역사(図説 英国インテリアの歴史)』오노 마리(小野まり) 가와데쇼보신샤(河出書房新社), 2013. 11.
- 『도해 빅토리아 시대 백화사전(図説 ヴィクトリア朝百貨事典)』다니타 히로유키(谷田博幸) 가와데쇼보신샤(河出書房新社), 2001. 9.
- 『도해 영국 티 컵의 역사—홍차로 해독하는 영국사(図説 英国ティーカップの歴史—紅茶でよみとくイギリス史)』ChaTea 홍차 교실(ChaTea 紅茶教室) 가와데쇼보신샤(河出書房新社), 2012. 5.
- 『도해 영국 홍차의 역사(図説 英国紅茶の歴史)』ChaTea 홍차 교실(ChaTea 紅茶教室) 가와데쇼보신샤(河出書房新社), 2014. 5.
- 『도해 '제인 에어'와 '폭풍의 언덕' 브론테 자매의 세계(図説 'ジェーン·エア'と'嵐が丘' ブロンテ姉妹の世界)』고노 다에코(河野多惠子), 오노데라 다케시(小野寺健), 다카야마 히로시(高山宏), 우에마쓰 미도리(植松みどり), 아시자와 히사에(芦沢久江), 스기무라 아이(杉村藍), 나카오카 히로시(中岡洋) 가와데쇼보신샤(河出書房新社), 1996. 4.

빅토리아 시대의 생활과 관련된 연표

1837	빅토리아 여왕 즉위.
1838	노동자계급이 보통선거 제도를 요구하는 처치스트 운동을 시작하다.
	인도 아삼산 차의 본격 재배가 진행된다.
1839	16세 이하의 아이들에게 필 이외의 알코올을 금지하는 법률 시행.
1840	빅토리아 여왕 결혼.
	아편전쟁 개시.
	상류계급에서 애프터눈 티 관습이 시작되다.
	1페니 우편 제도가 시작되다.
	'세미 디태치드 하우스'가 유행하다.
1841	윈저성에 크리스마스트리가 장식되다.
1842	아편전쟁이 끝나고, 난징조약 체결. 이로 말미암아 홍콩 할양(1997년에 반환).
	빅토리아 여왕 부부가 특별 열차로 윈저에서 런던의 패딩턴역까지 25분간 승차.
	소다 크리스털을 이용한 세계 최초의 실내 인공 링크 '아이스 플로어' 오픈.
	대본소 '머디즈' 개업.
1843	일반을 위한 전보 서비스가 시작되다.
	인쇄된 크리스마스카드가 시판되다.
	찰스 디킨스 『크리스마스 캐럴』 간행.
1845	유리세 철폐.
	아일랜드에서 감자 기근 발생, 아일랜드 난민 속출.
1847	'런던 동물원'이 일반 공개되다.
	빅토리아 여왕이 베이징머신을 이용해 난생처음으로 바다에 들어가다.
	과자 장인 톰 스미스가 크리스마스 크래커를 발명하다.
	샬럿 브론테 『제인 에어』 간행.
	윌리엄 메이크피스 새커리 『허영의 시장』 간행.
	세계 최초의 클로로포름을 이용한 무통 분만이 시행되다.
1848	런던에서 콜레라 대유행.
	공중 위생법 시행. 보건위원회가 설치되고, 노동자의 생활환경 개선을 위해 활동하기 시작하다.
	생활을 테마로 한 여성용 잡지 『패밀리 이코노미스트』 창간.

1849	항해 조례의 철폐로 미국의 클리퍼 선이 차 무역에 참가. 티 클리퍼 레이스 발전.
	찰스 디킨스 『데이비드 코퍼필드』의 잡지 연재가 시작되다.
1850	공공 도서관법 제정.
1851	웨딩 프레젠트 관습이 시작되다.
	세계 최초로 런던 만국박람회 개최.
1852	런던 만국박람회의 수익과 전시품을 기초로 '산업박물관'이 개관하다.
	중산계급의 여성을 대상으로 한 『영국 부인 가정 잡지』 창간.
1853	리젠트파크의 런던 동물원 안에 세계 최초의 수족관 개설.
	영국 최초의 우체통 설치.
	엘리자베스 개스켈 『크랜퍼드』 간행.
1854	수정궁을 런던 남부의 시드넘힐 정상으로 이전.
	찰스 디킨스 『하드 타임스』 간행.
	크림전쟁 참전. 플로렌스 나이팅게일이 간호사로 활약.
1855	콜레라와 티프스 예방을 위해 '하천수 여과'를 의무화.
1856	내셔널 갤러리의 별관으로, '내셔널 포트레이트 갤러리' 개설.
	샬럿 메리 영 『뉴 데이지 체인』 간행.
1857	산업박물관이 현재의 사우스켄싱턴으로 이전하고, '사우스켄싱턴 박물관'으로 개명.
1858	인도 통치 개선법 시행, 동인도회사 해산.
1859	찰스 다윈 『종의 기원』으로 진화론 발표.
	찰스 디킨스 『두 도시 이야기』 간행.
1860	『영국 부인 가정 잡지』 리뉴얼.
	윌리엄 윌키 콜린스 『흰 옷을 입은 여인』 간행.
	철도의 1등석에서 티 서비스가 시작되다.
	중산계급과 노동자계급에도 크리스마스트리를 장식하는 습관이 침투하다.
1861	『비튼의 가정서』 간행.
	찰스 디킨스 『위대한 유산』 간행.
	여성용 주간지 『퀸』 창간.
	빅토리아 여왕의 남편 앨버트 공 사망.
1863	런던에 하수도가 설치되다.
	세계 최초의 지하철 개통.
	런던에 조산부 양성학교 설립.
	런던 복지점으로 '화이트리즈' 창업.
	에드워드 황태자, 덴마크 왕녀 알렉산드라와 결혼.

1865	루이스 캐럴 『이상한 나라의 앨리스』 간행.
1866	역의 플랫폼에서 홍차 판매가 시작되다.
	실론의 캔디 근교에서 홍차원 개척 개시.
	영국과 미국을 이어주는 대서양 횡단 전신이 실용화되다.
1867	템스강 대하수도 완성.
	토요일 반일 휴가 제도가 지정되어 주 2일 휴일제가 실현되다.
1869	수에즈 운하 개통.
	'브록 본드'사 창업. 블렌드한 개별 포장 차 발매.
1870	초등교육법 제정. 잉글랜드와 웨일스의 5~12세의 모든 아이들의 교육을 의무화.
1871	'립톤'사 창업.
	노동조합법이 제정되어 파업권(쟁의 행위)도 인정되게 된다.
	뱅크 홀리데이(은행 휴가법) 제정. 부활절, 크리스마스 등이 국민의 휴일이 된다.
	'로열 앨버트 홀' 개관.
	조지 엘리엇 『미들마치』 간행.
1872	하인조합 결성.
1873	대불황. 영국 경제는 1873년부터 최고조인 1896년까지 연속적인 불황이 이어졌다.
	실론 차가 런던의 티 옥션에 상장되다.
	전기식 4륜 트럭이 실용화되다.
	보퍼트 공작의 사저 파티에서 여흥으로 배드민턴이 등장하다.
1875	수에즈 운하의 지배권 획득.
	설탕세 철폐.
	'리버티' 창업.
	결혼 가능 연령, 법률로 13세로 결정되다.
1876	인공 얼음 스케이트장 오픈.
1877	영국령 인도제국 성립.
1879	전화교환국 개설.
1880	사이클링 붐 시작되다.
1881	대영박물관의 분관으로 '자연사 박물관'이 사우스켄싱턴에 설립.
1883	'해로즈'가 화재로 새 점포를 만들고 대형백화점이 된다.
1884	선거권이 농업노동자와 광산노동자에게 확대.
	런던에 'ABC'의 티 룸 오픈.
	런던에서 국제 보건박람회 개최. 코르셋 사용에 대해 이야기하다.

1886	로버트 루이스 스티븐슨 『지킬 박사와 하이드』 간행.
	토머스 하디 『캐스터브리지의 시장』 간행.
1887	빅토리아 여왕 즉위 50주년 기념 행사 '골든 주빌리' 개최.
	아서 코넌 도일 『셜록 홈즈』 시리즈 개시.
1888	잭 더 리퍼 사건이 일어나다.
	오스카 와일드 『행복한 왕자』 간행.
	프랜시스 호지슨 버넷 『소공녀』 간행.
1890	하이티가 보급되다.
1891	토머스 하디 『더버빌가의 테스』 간행.
1894	'라이온즈'사 창업. 티 룸 운영으로 유명해지다.
1895	오스카 와일드 『이상적인 남편』 첫 공연.
	오스카 와일드 『진지함의 중요성』 첫 공연.
1897	빅토리아 여왕 즉위 60주년 기념 행사 '다이아몬드 주빌리' 개최.
1899	조지프 콘래드 『암흑의 핵심』 간행.
1901	빅토리아 여왕 서거.
	오스트레일리아 독립.

영국 빅토리아 시대의 라이프 스타일

초판 1쇄 인쇄 2021년 07월 10일
초판 1쇄 발행 2021년 07월 15일

저자 : Cha Tea 홍차 교실
번역 : 문성호

펴낸이 : 이동섭
편집 : 이민규, 탁승규
디자인 : 조세연, 김현승, 김형주, 김민지
영업 · 마케팅 : 송정환, 조정훈
e-BOOK : 홍인표, 서찬웅, 유재학, 최정수, 심민섭
관리 : 이윤미

㈜에이케이커뮤니케이션즈
등록 1996년 7월 9일(제302-1996-00026호)
주소 : 04002 서울 마포구 동교로 17안길 28, 2층
TEL : 02-702-7963~5 FAX : 02-702-7988
http://www.amusementkorea.co.kr

ISBN 979-11-274-4577-5 03920

ZUSETSU VICTORIACHO NO KURASHI
© CHA TEA KOUCHA KYOUSHITSU 2020
Originally published in Japan in 2020 by KAWADE SHOBO SHINSHA Ltd. Publishers, TOKYO,
Korean translation rights arranged with KAWADE SHOBO SHINSHA Ltd. Publishers, TOKYO,
through TOHAN CORPORATION, TOKYO.

─ AK TRIVIA BOOK ─────────────────────────

No. 01 도해 근접무기

오나미 아츠시 지음 | 이창협 옮김 | 228쪽 | 13,000원

근접무기, 서브 컬처적 지식을 고찰하다!
검, 도끼, 창, 곤봉, 활 등 현대적인 무기가 등장하기 전에 사용되던 냉병기에 대한 개설서. 각 무기의 형상과 기능, 유형부터 사용 방법은 물론 서브컬처의 세계에서 어떤 모습으로 그려지는가에 대해서도 상세히 해설하고 있다.

No. 02 도해 크툴루 신화

모리세 료지음 | AK커뮤니케이션즈 편집부 옮김 | 240쪽 | 13,000원

우주적 공포, 현대의 신화를 파헤치다!
현대 환상 문학의 거장 H.P 러브크래프트의 손에 의해 창조된 암흑 신화인 크툴루 신화. 111가지의 키워드를 선정, 각종 도해와 일러스트를 통해 크툴루 신화의 과거와 현재를 해설한다.

No. 03 도해 메이드

이케가미 료타 지음 | 코트랜스 인터내셔널 옮김 | 238쪽 | 13,000원

메이드의 모든 것을 이 한 권에!
메이드에 대한 궁금증을 확실하게 해결해주는 책. 영국, 특히 빅토리아 시대의 사회를 중심으로, 실존했던 메이드의 삶을 보여주는 가이드북.

No. 04 도해 연금술

쿠사노 타쿠미 지음 | 코트랜스 인터내셔널 옮김 | 220쪽 | 13,000원

기적의 학문, 연금술을 짚어보다!
연금술사들의 발자취를 따라 연금술에 대해 자세하게 알아보는 책. 연금술에 대한 풍부한 지식을 쉽고 간결하게 정리하여, 체계적으로 해설하며, '진리'를 위해 모든 것을 바친 이들의 기록이 담겨있다.

No. 05 도해 핸드웨폰

오나미 아츠시 지음 | 이창협 옮김 | 228쪽 | 13,000원

모든 개인화기를 총망라!
권총, 기관총, 어설트 라이플, 머신건 등, 개인 화기를 지칭하는 다양한 명칭들은 대체 무엇을 기준으로 하여 어떻게 붙여진 것일까? 개인 화기의 모든 것을 기초부터 해설한다.

No. 06 도해 전국무장

이케가미 료타 지음 | 이재경 옮김 | 256쪽 | 13,000원

전국시대를 더욱 재미있게 즐겨보자!
소설이나 만화, 게임 등을 통해 많이 접할 수 있는 일본 전국시대에 대한 입문서. 무장들의 활약상, 전국시대의 일상과 생활까지 상세히 서술. 전국시대에 쉽게 접근할 수 있도록 구성했다.

No. 07 도해 전투기

가와노 요시유키 지음 | 문우성 옮김 | 264쪽 | 13,000원

빠르고 강력한 병기, 전투기의 모든 것!
현대전의 정점인 전투기. 역사와 로망 속의 전투기에서 최신예 스텔스 전투기에 이르기까지, 인류의 전쟁사를 바꾸어놓은 전투기에 대하여 상세히 소개한다.

No. 08 도해 특수경찰

모리 모토사다 지음 | 이재경 옮김 | 220쪽 | 13,000원

실제 SWAT 교관 출신의 저자가 특수경찰의 모든 것을 소개!
특수경찰의 훈련부터 범죄 대처법, 최첨단 수사 시스템, 기밀 작전의 아슬아슬한 부분까지 특수경찰을 저자의 풍부한 지식으로 폭넓게 소개한다.

No. 09 도해 전차

오나미 아츠시 지음 | 문우성 옮김 | 232쪽 | 13,000원

지상전의 왕자, 전차의 모든 것!
지상전의 지배자이자 절대 강자 전차를 소개한다. 전차의 힘과 이를 이용한 다양한 전술 그리고 그 독특한 모습까지. 알기 쉬운 해설과 상세한 일러스트로 전차의 매력을 전달한다.

No. 10 도해 헤비암즈

오나미 아츠시 지음 | 이재경 옮김 | 232쪽 | 13,000원

전장을 압도하는 강력한 화기, 총집합!
전장의 주역, 보병들의 든든한 버팀목인 강력한 화기를 소개한 책. 대구경 기관총부터 유탄 발사기, 무반동총, 대전차 로켓 등, 압도적인 화력으로 전장을 지배하는 화기에 대하여 알아보자!

No. 11 도해 밀리터리 아이템
오나미 아츠시 지음 | 이재경 옮김 | 236쪽 | 13,000원
군대에서 쓰이는 군장 용품을 완벽 해설!
이제 밀리터리 세계에 발을 들이는 입문자들을 위해 '군장 용품'에 대해 최대한 알기 쉽게 다루는 책. 세부적인 사항에 얽매이지 않고, 상식적으로 갖추어야 할 기초지식을 중심으로 구성되어 있다.

No. 12 도해 악마학
쿠사노 타쿠미 지음 | 김문광 옮김 | 240쪽 | 13,000원
악마에 대한 모든 것을 담은 총집서!
악마학의 시작부터 현재까지의 그 연구 및 발전 과정을 한눈에 알아볼 수 있도록 구성한 책. 단순한 흥미를 뛰어넘어 영적이고 종교적인 지식의 깊이까지 더할 수 있는 내용으로 구성.

No. 13 도해 북유럽 신화
이케가미 료타 지음 | 김문광 옮김 | 228쪽 | 13,000원
세계의 탄생부터 라그나로크까지!
북유럽 신화의 세계관, 등장인물, 여러 신과 영웅들이 사용한 도구 및 마법에 대한 설명까지. 당시 북유럽 국가들의 생활상을 통해 북유럽 신화에 대한 이해도를 높일 수 있도록 심층적으로 해설한다.

No. 14 도해 군함
다카하라 나루미 외 1인 지음 | 문우성 옮김 | 224쪽 | 13,000원
20세기의 전함부터 항모, 전략 원잠까지!
군함에 대한 입문서. 종류와 개발사, 구조, 제원 등의 기본부터, 승무원의 일상, 정비 비용까지 어렵게 여겨질 만한 요소를 도표와 일러스트로 쉽게 해설한다.

No. 15 도해 제3제국
모리세 료 외 1인 지음 | 문우성 옮김 | 252쪽 | 13,000원
나치스 독일 제3제국의 역사를 파헤친다!
아돌프 히틀러 통치하의 독일 제3제국에 대한 개론서. 나치스가 권력을 장악한 과정부터 조직 구조, 조직을 이끈 핵심 인물과 상호 관계와 갈등, 대립 등, 제3제국의 역사에 대해 해설한다.

No. 16 도해 근대마술
하니 레이 지음 | AK커뮤니케이션즈 편집부 옮김 | 244쪽 | 13,000원
현대 마술의 개념과 원리를 철저 해부!
마술의 종류와 개념, 이름을 남긴 마술사와 마술 단체, 마술에 쓰이는 도구 등을 설명한다. 겉핥기식의 설명이 아닌, 역사와 각종 매체 속에서 마술이 어떤 영향을 주었는지 심층적으로 해설하고 있다.

No. 17 도해 우주선
모리세 료 외 1인 지음 | 이재경 옮김 | 240쪽 | 13,000원
우주를 꿈꾸는 사람들을 위한 추천서!
우주공간의 과학적인 설명은 물론, 우주선의 태동에서 발전의 역사, 재질, 발사와 비행의 원리 등, 어떤 원리로 날아다니고 착륙할 수 있는지, 자세한 도표와 일러스트를 통해 해설한다.

No. 18 도해 고대병기
미즈노 히로키 지음 | 이재경 옮김 | 224쪽 | 13,000원
역사 속의 고대병기, 집중 조명!
지혜와 과학의 결정체, 병기. 그중에서도 고대의 병기를 집중적으로 조명, 단순한 병기의 나열이 아닌, 각 병기의 탄생 배경과 활약상, 계보, 작동 원리 등을 상세하게 다루고 있다.

No. 19 도해 UFO
사쿠라이 신타로 지음 | 서형주 옮김 | 224쪽 | 13,000원
UFO에 관한 모든 지식과, 그 허와 실.
첫 번째 공식 UFO 목격 사건부터 현재까지, 세계를 떠들썩하게 만든 모든 UFO 사건을 다룬다. 수많은 미스터리는 물론, 종류, 비행 패턴 등 UFO에 관한 모든 지식들을 알기 쉽게 정리했다.

No. 20 도해 식문화의 역사
다카하라 나루미 지음 | 채다인 옮김 | 244쪽 | 13,000원
유럽 식문화의 변천사를 조명한다!
중세 유럽을 중심으로, 음식문화의 변화를 설명한다. 최초의 조리 역사부터 식재료, 예절, 지역별 선호메뉴까지, 시대상황과 분위기, 사람들의 인식이 어떠한 영향을 끼쳤는지 흥미로운 사실을 다룬다.

No. 21 도해 문장
신노 케이 지음 | 기미정 옮김 | 224쪽 | 13,000원
역사와 문화의 시대적 상징물, 문장!
기나긴 역사 속에서 문장이 어떻게 만들어졌고, 어떤 도안들이 이용되었는지, 발전 과정과 유럽 역사 속 위인들의 문장이나 특징적인 문장의 인물에 대해 설명한다.

No. 22 도해 게임이론
와타나베 타카히로 지음 | 기미정 옮김 | 232쪽 | 13,000원
이론과 실용 지식을 동시에!
죄수의 딜레마, 도덕적 해이, 제로섬 게임 등 다양한 사례 분석과 알기 쉬운 해설을 통해, 누구나가 쉽고 직관적으로 게임이론을 이해하고 현실에 적용할 수 있도록 도와주는 최고의 입문서.

No. 23 도해 단위의 사전
호시다 타다히코 지음 | 문우성 옮김 | 208쪽 | 13,000원
세계를 바라보고, 규정하는 기준이 되는 단위를 풀어보자!
전 세계에서 사용되는 108개 단위의 역사와 사용 방법 등을 해설하는 본격 단위 사전. 정의와 기준, 유래, 측정 대상 등을 명쾌하게 해설한다.

No. 24 도해 켈트 신화
이케가미 료타 지음 | 곽형준 옮김 | 264쪽 | 13,000원
쿠 훌린과 핀 막 쿨의 세계!
켈트 신화의 세계관, 각 설화와 전설의 주요 등장인물들! 이야기에 따라 내용뿐만 아니라 등장인물까지 뒤바뀌는 경우도 있는데, 그런 특별한 사항까지 다루어, 신화의 읽는 재미를 더한다.

No. 25 도해 항공모함
노가미 아키토 외 1인 지음 | 오광웅 옮김 | 240쪽 | 13,000원
군사기술의 결정체, 항공모함 철저 해부!
군사력의 상징이던 거대 전함을 과거의 유물로 전락시킨 항공모함. 각 국가별 발달의 역사와 임무, 명 항공력에 대한 광범위한 자료를 한눈에 파악할 수 있다.

No. 26 도해 위스키
츠치야 마모루 지음 | 기미정 옮김 | 192쪽 | 13,000원
위스키, 이제는 제대로 알고 마시자!
다양한 음용법과 글라스의 차이, 바 또는 집에서 분위기 있게 마실 수 있는 방법까지 위스키의 맛을 한층 돋아주는 필수 지식이 가득. 세계적인 위스키 평론가가 전하는 입문서의 결정판.

No. 27 도해 특수부대
오나미 아츠시 지음 | 오광웅 옮김 | 232쪽 | 13,000원
불가능이란 없다! 전장의 스페셜리스트!
특수부대의 탄생 배경, 종류, 규모, 각종 임무, 그들만의 특수한 장비, 어떠한 상황에서도 살아남기 위한 생존 기술까지 모든 것을 보여주는 책. 왜 그들이 스페셜리스트인지 알게 될 것이다.

No. 28 도해 서양화
다나카 쿠미코 지음 | 김상호 옮김 | 160쪽 | 13,000원
서양화의 변천사와 포인트를 한눈에!
르네상스부터 근대까지, 시대를 넘어 사랑받는 명작 84점을 수록. 각 작품들의 배경과 특징, 그림에 담겨있는 비유적 의미와 기법 등, 감상 포인트를 명쾌하게 해설하였으며, 더욱 깊은 이해를 위한 역사와 종교 관련 지식까지 담겨있다.

No. 29 도해 갑자기 그림을 잘 그리게 되는 법
나카야마 시게노부 지음 | 이연희 옮김 | 204쪽 | 13,000원
멋진 일러스트의 초간단 스킬 공개!
투시도와 원근법만으로, 멋지고 입체적인 일러스트를 그릴 수 있는 방법! 그림에 대한 재능이 없다 생각 말고 읽어보자. 그림이 극적으로 바뀔 것이다.

No. 30 도해 사케
키미지마 사토시 지음 | 기미정 옮김 | 208쪽 | 13,000원
사케를 더욱 즐겁게 마셔 보자!
선택 법, 온도, 명칭, 안주와의 궁합, 분위기 있게 마시는 법 등, 사케의 맛을 한층 더 즐길 수 있는 모든 지식이 담겨 있다. 일본 요리의 거장이 전해주는 사케 입문서의 결정판.

No. 31 도해 흑마술
쿠사노 타쿠미 지음 | 곽형준 옮김 | 224쪽 | 13,000원
역사 속에 실존했던 흑마술을 총망라!
악령의 힘을 빌려 행하는 사악한 흑마술을 총망라한 책. 흑마술의 정의와 발전, 기본 법칙을 상세히 설명한다. 또한 여러 국가에서 행해졌던 흑마술 사건들과 관련 인물들을 소개한다.

No. 32 도해 현대 지상전
모리 모토사다 지음 | 정은택 옮김 | 220쪽 | 13,000원
아프간 이라크! 현대 지상전의 모든 것!!
저자가 직접, 실제 전장에서 활동하는 군인은 물론 민간 군사기업 관계자들과도 폭넓게 교류하면서 얻은 정보들을 아낌없이 공개한 책. 현대전에 투입되는 지상전의 모든 것을 해설한다.

No. 33 도해 건파이트
오나미 아츠시 지음 | 송명규 옮김 | 232쪽 | 13,000원
총격전에서 일어나는 상황을 파헤친다!
영화, 소설, 애니메이션 등에서 볼 수 있는 총격전. 그 장면들은 진짜일까? 실전에서는 총기를 어떻게 다루고, 어디에 몸을 숨겨야 할까. 자동차 추격전에서의 대처법 등 건 액션의 핵심 지식.

No. 34 도해 마술의 역사
쿠사노 타쿠미 지음 | 김진아 옮김 | 224쪽 | 13,000원
마술의 탄생과 발전 과정을 알아보자!
고대에서 현대에 이르기까지 마술은 문화의 발전과 함께 널리 퍼져나갔으며, 다른 마술과 접촉하면서 그 깊이를 더해왔다. 마술의 발생시기와 장소, 변모 등 역사와 개요을 상세히 소개한다.

No. 35 도해 군용 차량

노가미 아키토 지음 | 오광웅 옮김 | 228쪽 | 13,000원

지상의 왕자, 전차부터 현대의 바퀴달린 사역마까지!!
　전투의 핵심인 전투 차량부터 눈에 띄지 않는 무대에서 묵묵히 임무를 다하는 각종 지원 차량까지, 각자 맡은 임무에 충실하도록 설계되고 고안된 군용 차량만의 다채로운 세계를 소개한다.

No. 36 도해 첩보·정찰 장비

사카모토 아키라 지음 | 문성호 옮김 | 228쪽 | 13,000원

승리의 열쇠 정보! 정보전의 모든 것!
소음총, 소형 폭탄, 소형 카메라 및 통신기 등 영화에서나 등장할 법한 첩보원들의 특수 장비부터 정찰 위성에 이르기까지 첩보 및 정찰 장비들을 400점의 사진과 일러스트로 설명한다.

No. 37 도해 세계의 잠수함

사카모토 아키라 지음 | 류재학 옮김 | 242쪽 | 13,000원

바다를 지배하는 침묵의 병기, 잠수함.
잠수함은 두 번의 세계대전과 냉전기를 거쳐, 최첨단 기술로 최신 무장시스템을 갖추어왔다. 원리와 구조, 승조원의 훈련과 임무, 생활과 전투 방법 등을 사진과 일러스트로 철저히 해부한다.

No. 38 도해 무녀

토키타 유스케 지음 | 송명규 옮김 | 236쪽 | 13,000원

무녀와 샤머니즘에 관한 모든 것!
무녀의 기원부터 시작하여 일본의 신사에서 치르고 있는 각종 의식, 그리고 델포이의 무녀, 한국의 무당을 비롯한 세계의 샤머니즘과 각종 종교를 106가지의 소주제로 분류하여 해설한다!

No. 39 도해 세계의 미사일 로켓 병기

사카모토 아키라 | 유병준·김성훈 옮김 | 240쪽 | 13,000원

ICBM부터 THAAD까지!
현대전의 진정한 주역이라 할 수 있는 미사일. 보병이 휴대하는 대전차 로켓부터 공대공 미사일, 대륙간 탄도탄, 그리고 근래 들어 언론의 주목을 받고 있는 ICBM과 THAAD까지 미사일의 모든 것을 해설한다!

No. 40 독과 약의 세계사

후나야마 신지 지음 | 진정숙 옮김 | 292쪽 | 13,000원

독과 약의 차이란 무엇인가?
화학물질을 어떻게 하면 유용하게 활용할 수 있는가 하는 것은 인류에 있어 중요한 과제 가운데 하나라 할 수 있다. 독과 약의 역사, 그리고 우리 생활과의 관계에 대하여 살펴보도록 하자.

No. 41 영국 메이드의 일상

무라카미 리코 지음 | 조아라 옮김 | 460쪽 | 13,000원

빅토리아 시대의 아이콘 메이드!
　가사 노동자이며 직장 여성의 최대 다수를 차지했던 메이드의 일과 생활을 통해 영국의 다른 면을 살펴본다. 『엠마 빅토리안 가이드』의 저자 무라카미 리코의 빅토리안 시대 안내서

No. 42 영국 집사의 일상

무라카미 리코 지음 | 기미정 옮김 | 292쪽 | 13,000원

집사, 남성 가사 사용인의 모든 것!
Butler, 즉 집사로 대표되는 남성 상급 사용인. 그들은 어떠한 일을 했으며 어떤 식으로 하루를 보냈을까? 『엠마 빅토리안 가이드』의 저자 무라카미 리코의 빅토리안 시대 안내서 제2탄.

No. 43 중세 유럽의 생활

가와하라 아쓰시 외 1인 지음 | 남지연 옮김 | 260쪽 | 13,000원

새롭게 조명하는 중세 유럽 생활사
　철저히 분류되는 중세의 신분. 그 중 『일하는 자』의 일상생활은 어떤 것이었을까? 각종 도판과 사료를 통해, 중세 유럽에 대해 알아보자.

No. 44 세계의 군복

사카모토 아키라 지음 | 진정숙 옮김 | 130쪽 | 13,000원

세계 각국 군복의 어제와 오늘!!
　형태와 기능미가 절묘하게 융합된 의복인 군복. 제2차 세계대전에서 현대에 이르기까지, 각국의 전투복과 정복 그리고 각종 장구류와 계급장, 훈장 등. 군복만의 독특한 매력을 느껴보자

No. 45 세계의 보병장비

사카모토 아키라 지음 | 이상언 옮김 | 234쪽 | 13,000원

현대 보병장비의 모든 것!
　군에 있어 가장 기본이 되는 보병 개인화기, 전투복, 군장, 전투식량, 그리고 미래의 장비까지. 제2차 세계대전 이후 눈부시게 발전한 보병 장비와 현대전에 있어 보병이 지닌 의미에 대하여 살펴보자.

No. 46 해적의 세계사

모모이 지로 지음 | 김효진 옮김 | 280쪽 | 13,000원

『영웅』인가, 『공적』인가?
　지중해, 대서양, 카리브해, 인도양에서 활동했던 해적을 중심으로, 영웅이자 약탈자, 정복자, 야심가 등 여러 시대에 걸쳐 등장했던 다양한 해적들이 세계사에 남긴 발자취를 더듬어본다.

No. 47 닌자의 세계
야마키타 아츠시 지음 | 송명규 옮김 | 232쪽 | 13,000원

실제 닌자의 활약을 살펴본다!
어떠한 임무라도 완수할 수 있도록 닌자는 온갖 지혜를 짜내며 궁극의 도구와 인술을 만들어냈다. 과연 닌자는 역사 속에서 어떤 활약을 펼쳤을까.

No. 53 마도서의 세계
쿠시노 타쿠미 지음 | 남지연 옮김 | 236쪽 | 15,000원

마도서의 기원과 비밀!
천사와 악마 같은 영혼을 소환하여 자신의 소망을 이루는 마도서의 원리를 설명한다.

No. 48 스나이퍼
오나미 아츠시 지음 | 이상언 옮김 | 240쪽 | 13,000원

스나이퍼의 다양한 장비와 고도의 테크닉!
아군의 절체절명 위기에서 한 끗 차이의 절묘한 타이밍으로 전세를 역전시키기도 하는 스나이퍼의 세계를 알아본다.

No. 54 영국의 주택
야다카 카요코 외 지음 | 문성호 옮김 | 252쪽 | 17,000원

영국인에게 집은 「물건」이 아니라 「문화」다!
영국 지역에 따른 집들의 외관 특징, 건축 양식, 재료 특성, 각종 주택 스타일을 상세하게 설명한다.

No. 49 중세 유럽의 문화
이케가미 쇼타 지음 | 이순수 옮김 | 256쪽 | 13,000원

심오하고 매력적인 중세의 세계!
기사, 사제와 수도사, 음유시인에 숙녀, 그리고 농민과 상인과 기술자들 중세 배경의 판타지 세계에서 자주 보았던 그들의 리얼한 생활을 풍부한 일러스트와 표로 이해한다!

No. 55 발효
고이즈미 다케오 지음 | 장현주 옮김 | 224쪽 | 15,000원

미세한 거인들의 경이로운 세계!
세계 각지 발효 문화의 놀라운 신비와 의의를 살펴본다. 발효를 발전시켜온 인간의 깊은 지혜와 훌륭한 발상이 보일 것이다.

No. 50 기사의 세계
이케가미 슌이치 지음 | 남지연 옮김 | 232 쪽 | 15,000 원

중세 유럽 사회의 주역이었던 기사!
기사들은 과연 무엇을 위해 검을 들었는가. 지향하는 목표는 무엇이었는가. 기사의 탄생에서 몰락까지, 역사의 드라마를 따라가며 그 진짜 모습을 파헤친다.

No. 56 중세 유럽의 레시피
코스트마리 사무국 슈 호카 지음 | 김효진 옮김 | 164쪽 | 15,000원

간단하게 중세 요리를 재현!
당시 주로 쓰였던 향신료, 허브 등 중세 요리에 대한 풍부한 지식은 물론 더욱 맛있게 즐길 수 있는 요리법도 함께 소개한다.

No. 51 영국 사교계 가이드
무라카미 리코 지음 | 문성호 옮김 | 216쪽 | 15,000원

19세기 영국 사교계의 생생한 모습!
당시에 많이 출간되었던 「에티켓 북」의 기술을 바탕으로, 빅토리아 시대 중류 여성들의 사교 생활을 알아보며 그 속마음까지 들여다본다.

No. 57 알기 쉬운 인도 신화
천축 기담 지음 | 김진희 옮김 | 228 쪽 | 15,000원

전쟁과 사랑 속의 인도 신들!
강렬한 개성이 충돌하는 무아와 혼돈의 이야기를 담았다. 2대 서사시 「라마야나」와 「마하바라타」의 세계관부터 신들의 특징과 일화에 이르는 모든 것을 파악한다.

No. 52 중세 유럽의 성채 도시
가이하쓰샤 지음 | 김진희 옮김 | 232 쪽 | 15,000 원

견고한 성벽으로 도시를 둘러싼 성채 도시!
성채 도시는 시대의 흐름에 따라 문화, 상업, 군사 면에서 진화를 거듭한다. 궁극적인 기능미의 집약체였던 성채 도시의 주민 생활상부터 공성전 무기, 전술까지 상세하게 알아본다.

No. 58 방어구의 역사
다카히라 나루미 지음 | 남지연 옮김 | 244 쪽 | 15,000원

역사에 남은 다양한 방어구!
기원전 문명의 아이템부터 현대의 방어구인 헬멧과 방탄복까지 그 역사적 변천과 특색·재질·기능을 망라하였다.

No. 59 마녀 사냥

모리시마 쓰네오 지음 | 김진희 옮김 | 244쪽 | 15,000원

중세 유럽의 잔혹사!

15~17세기 르네상스 시대에 서구 그리스
도교 국가에서 휘몰아친 '마녀사냥'의 광
풍. 중세 마녀사냥의 실상을 생생하게 드러낸다.

No. 60 노예선의 세계사

후루가와 마사히로 지음 | 김효진 옮김 | 256쪽 | 15,000원

400년 남짓 대서양에서 자행된 노예무역!

1000만 명에 이르는 희생자를 낸 노예무
역. '이동 감옥'이나 다름없는 노예선 바닥
에서 다시 한 번 근대를 돌이켜본다.

No. 61 말의 세계사

모토무라 료지 지음 | 김효진 옮김 | 288쪽 | 15,000원

역사로 보는 인간과 말의 관계!

인간과 말의 만남은 역사상 최대급의 충격
이었다고 해도 과언이 아니다. 전쟁, 교역,
세계 제국…등의 역사 속에서, 말이 세계
사를 어떻게 바꾸었는지 조명해본다.

No. 62 달은 대단하다

사이키 기즈토 지음 | 김효진 옮김 | 228쪽 | 15,000원

우주를 향한 인류의 대항해 시대!

달 탐사 프로젝트의 최전선에 종사하는 저
자가 달 탐사 규모와 경과 등의 기초 지식,
탐사를 통해 확인된 지하 공간과 같은 새
로운 발견에 대해 자세히 해설한다.

No. 63 바다의 패권 400년사

다케다 이사미 지음 | 김진희 옮김 | 312쪽 | 15,000원

바다를 제패하는 자가 패권을 잡는다!

세계 항로가 확대된 15세기를 되돌아보고,
17세기에 시작된 해양 패권 다툼의 역사를
지정학적 관점에서 흥미롭게 살펴본다.

-AK TRIVIA SPECIAL

환상 네이밍 사전
신키겐샤 편집부 지음 | 유진원 옮김 | 288쪽 | 14,800원
의미 없는 네이밍은 이제 그만!
운명은 프랑스어로 무엇이라고 할까? 독일어,
일본어로는? 중국어로는? 더 나아가 이탈리아
어, 러시아어, 그리스어, 라틴어, 아랍어에 이르
기까지. 1,200개 이상의 표제어와 11개국어. 13,000개 이
상의 단어를 수록!!

중2병 대사전
노무라 마사타카 지음 | 이재경 옮김 | 200쪽 | 14,800원
이 책을 보는 순간, 당신은 이미 궁금해하고 있다!
사춘기 청소년이 행동할 법한 손발이 오그라드
는 행동이나 사고를 뜻하는 중2병. 서브컬처 작
품에 자주 등장하는 중2병의 의미와 기원 등. 102개의 항목
에 대해 해설과 칼럼을 곁들여 알기 쉽게 설명한다.

크툴루 신화 대사전
고토 카츠 외 1인 지음 | 곽형준 옮김 | 192쪽 | 13,000원
신화의 또 다른 매력, 무한한 가능성!
H.P. 러브크래프트를 중심으로 여러 작가들의
설정이 거대한 세계관으로 자리잡은 크툴루 신
화. 현대 서브 컬처에 지대한 영향을 끼치고 있다. 대중 문화
속에 알게 모르게 자리 잡은 크툴루 신화의 요소를 설명하는
본격 해설서.

문양박물관
H. 돌메치 지음 | 이지은 옮김 | 160쪽 | 8,000원
세계 문양과 장식의 정수를 담다!
19세기 독일에서 출간된 H.돌메치의 『장식의
보고』를 바탕으로 제작되었다. 세계 각지의
문양 장식을 소개한 이 책은 이론보다 실용에
초점을 맞춘 입문서. 화려하고 아름다운 전 세계의 문양을 수
록한 실용적인 자료집으로 손꼽힌다.

고대 로마군 무기·방어구·전술 대전
노무라 마사타카 외 3인 지음 | 기미정 옮김 | 224쪽 | 13,000원
위대한 정복자, 고대 로마군의 모든 것!
부대의 편성부터 전술, 장비 등. 고대 최강의 군
대라 할 수 있는 로마군이 어떤 집단이었는지
상세하게 분석하는 해설서. 압도적인 군사력으로 세계를 석
권한 로마 제국. 그 힘의 전모를 철저하게 검증한다.

도감 무기 갑옷 투구
이치카와 사다하루 외 3인 지음 | 남지연 옮김 | 448쪽 | 29,000원
역사를 망라한 궁극의 군장도감!
고대로부터 무기는 당시 최신 기술의 정수와 함
께 철학과 문화, 신념이 어우러져 완성되었다.
이 책은 그러한 무기들의 기능, 원리, 목적 등과 더불어 그 기
원과 발전 양상 등을 그림과 표를 통해 알기 쉽게 설명하고
있다. 역사상 실재한 무기와 갑옷, 투구들을 통사적으로 살펴
보자!

중세 유럽의 무술, 속 중세 유럽의 무술
오사다 류타 지음 | 남유리 옮김 |
각 권 672쪽~624쪽 | 각 권 29,000원
본격 중세 유럽 무술 소개서!
막연하게만 떠오르는 중세 유럽~르네상스 시
대에 활약했던 검술과 격투술의 모든 것을 담은
책. 영화 등에서만 접할 수 있었던 유럽 중세시
대 무술의 기본이념과 자세, 방어, 보법부터, 시
대를 풍미한 각종 무술까지. 일러스트를 통해
알기 쉽게 설명한다.

최신 군용 총기 사전
토쿄이 마사미 지음 | 오광웅 옮김 | 564쪽 | 45,000원
세계 각국의 현용 군용 총기를 총망라!
주로 군용으로 개발되었거나 군대 또는 경찰의
대테러부대처럼 중무장한 조직에 배치되어 사
용되고 있는 소화기가 중점적으로 수록되어 있으며, 이외에
도 각 제조사에서 국제 군수시장에 수출할 목적으로 개발, 시
제품만이 소수 제작되었던 총기류도 함께 실려 있다.

초패미컴, 초초패미컴
타네 키요시 외 2인 지음 | 문성호 외 1인 옮김 |
각 권 360, 296쪽 | 각 14,800원
게임은 아직도 패미컴을 넘지 못했다!
패미컴 탄생 30주년을 기념하여, 1983년 『동
키콩』부터 시작하여, 1994년 『타카하시 명인
의 모험도 IV』까지 총 100여 개의 작품에 대한
리뷰를 담은 영구 소장판. 패미컴과 함께했던
아련한 추억을 간직하고 있는 모든 이들을 위한
책이다.

초쿠소게 1,2
타네 키요시 외 2인 지음 | 문성호 옮김 |
각 권 224, 300쪽 | 각 권 14,800원
망작 게임들의 숨겨진 매력을 재조명!
『쿠소게クソゲー』란 '똥-クソ'과 '게임-Game'의
합성어로, 어감 그대로 정말 못 만들고 재미없
는 게임을 지칭할 때 사용되는 조어이다. 우리
말로 바꾸면 망작 게임 정도가 될 것이다. 레트
로 게임에서부터 플레이스테이션3까지 게이머
들의 기대를 보란듯이 저버렸던 수많은 쿠소게
들을 총망라하였다.

초에로게, 초에로게 하드코어
타네 키요시 외 2인 지음 | 이은수 옮김 |
각 권 276쪽, 280쪽 | 각 권 14,800원
명작 18금 게임 총출동!
에로게란 '에로-エロ'와 '게임-Game'의 합성어
로. 말 그대로 성적인 표현이 담긴 게임을 지칭
한다. '에로게 헌터'라 자처하는 베테랑 저자들
의 엄격한 심사기를 통해 선정된 '명작 에로게'
들에 대한 본격 리뷰집!!

세계의 전투식량을 먹어보다

키쿠즈키 토시유키 지음 | 오광웅 옮김 | 144쪽 | 13,000원

전투식량에 관련된 궁금증을 한권으로 해결!

전투식량이 전장에서 자리를 잡아가는 과정과, 미국의 독립전쟁부터 시작하여 역사 속 여러 전쟁의 전투식량 배급 양상을 살펴보는 책. 식품부터 식기까지. 수많은 전쟁 속에서 전투식량이 어떠한 모습으로 등장하였고 병사들은 이를 어떻게 취식하였는지. 흥미진진한 역사를 소개하고 있다.

민족의상 1,2

오귀스트 라시네 지음 | 이지은 옮김 | 각 권 160쪽 | 각 8,000원

화려하고 기품 있는 색감!!

디자이너 오귀스트 라시네의 『복식사』 전 6권 중에서 민족의상을 다룬 부분을 바탕으로 제작되었다. 당대에 정점에 올랐던 석판 인쇄 기술로 완성되어. 시대가 흘렀음에도 그 세세하고 풍부하고 아름다운 색감이 주는 감동은 여전히 빛을 발한다.

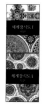

세계장식도 Ⅰ, Ⅱ

오귀스트 라시네 지음 | 이지은 옮김 | 각 권 160쪽 | 각 권 8,000원

공예 미술계 불후의 명작을 농축한 한 권!

19세기 프랑스에서 가장 유명한 디자이너였던 오귀스트 라시네의 대표 저서 『세계장식 도집』에서 인상적인 부분을 뽑아내 콤팩트하게 정리한 다이제스트판. 공예 미술의 각 분야를 포괄하는 내용을 담은 책으로. 방대한 예시를 더욱 정교하게 소개한다.

중세 유럽의 복장

오귀스트 라시네 지음 | 이지은 옮김 | 160쪽 | 8,000원

고품격 유럽 민족의상 자료집!!

19세기 프랑스의 유명한 디자이너 오귀스트 라시네가 직접 당시의 민족의상을 그린 자료집. 유럽 각지에서 사람들이 실제로 입었던 민족의상의 모습을 그대로 풍부하게 수록하였다. 각 나라의 특색과 문화가 담겨 있는 민족의상을 감상할 수 있다.

서양 건축의 역사

사토 다쓰키 지음 | 조민경 옮김 | 264쪽 | 14,000원

서양 건축사의 결정판 가이드 북!

건축의 역사를 살펴보는 것은 당시 사람들의 의식을 들여다보는 것과도 같다. 이 책은 고대에서 중세. 르네상스기로 넘어오며 탄생한 다양한 양식들을 당시의 사회, 문화, 기후, 토질 등을 바탕으로 해설하고 있다.

그림과 사진으로 풀어보는 **이상한 나라의 앨리스**

구와바라 시게오 지음 | 조민경 옮김 | 248쪽 | 14,000원

매혹적인 원더랜드의 논리를 완전 해설!

산업 혁명을 통한 눈부신 문명의 발전과 그늘. 도덕주의와 엄숙주의. 위선과 허영이 병존하던 빅토리아 시대는 『원더랜드』의 탄생과 그 배경으로 어떻게 작용했을까? 순진 무구한 소녀 앨리스가 우연히 발을 들인 기묘한 세상의 완전 가이드북!!

세계의 건축

코우다 미노루 외 1인 지음 | 조민경 옮김 | 256쪽 | 14,000원

고품격 건축 일러스트 자료집!

시대를 망라하여. 건축물의 외관 및 내부의 장식을 정밀한 일러스트로 소개한다. 흔히 보이는 풍경이나 딱딱한 도시의 건축물이 아닌. 고풍스러운 건물들을 섬세하고 세밀한 선화로 표현하여 만화, 일러스트 자료에 최적화된 형태로 수록하고 있다.

그림과 사진으로 풀어보는 **알프스 소녀 하이디**

지바 가오리 외 지음 | 남지연 옮김 | 224쪽 | 14,000원

하이디를 통해 살펴보는 19세기 유럽사!

『하이디』라는 작품을 통해 19세기 말의 스위스를 알아본다. 또한 원작자 슈피리의 생애를 교차시켜 『하이디』의 세계를 깊이 파고든다. 『하이디』를 읽을 사람은 물론. 작품을 보다 깊이 감상하고 싶은 사람에게 있어 좋은 안내서가 되어줄 것이다.

지중해가 낳은 천재 건축가 -안토니오 가우디

이리에 마사유키 지음 | 김진아 옮김 | 232쪽 | 14,000원

천재 건축가 가우디의 인생, 그리고 작품

19세기 말~20세기 초의 카탈루냐 지역 및 그의 작품들이 지어진 바르셀로나의 지역사. 그리고 카사 바트요. 구엘 공원. 사그라다 파밀리아 성당 등의 작품들을 통해 안토니오 가우디의 생애를 본격적으로 살펴본다.

영국 귀족의 생활

다나카 료코 지음 | 김상호 옮김 | 192쪽 | 14,000원

영국 귀족의 우아한 삶을 조명한다

현대에도 귀족제도가 남아있는 영국 귀족이 영국 사회에서 어떠한 의미를 가지고 또 기능하는지. 상세한 설명과 사진자료를 통해 귀족 특유의 화려함과 고상함의 이면에 자리 잡은 책임과 무게. 귀족의 삶 깊숙한 곳까지 스며든 '노블레스 오블리주'의 진정한 의미를 알아보자

요리 도감
오치 도요코 지음 | 김세원 옮김 | 384쪽 | 18,000원
요리는 힘! 삶의 저력을 키워보자!!
이 책은 부모가 자식에게 조곤조곤 알려주는 요리 조언집이다. 처음에는 요리가 서툴고 다소 귀찮게 느껴질지 모르지만, 약간의 요령과 습관만 익히면 스스로 요리를 완성한다는 보람과 매력, 그리고 요리라는 삶의 지혜에 눈을 뜨게 될 것이다.

초콜릿어 사전
Dolcerica 가가와 리카코 지음 | 이지은 옮김 | 260쪽 | 13,000원
사랑스러운 일러스트로 보는 초콜릿의 매력!
나른해지는 오후, 기력 보충 또는 기분 전환 삼아 한 조각 먹게 되는 초콜릿. 『초콜릿어 사전』은 초콜릿의 역사와 종류, 제조법 등 기본 정보와 관련 용어 그리고 그 해설을 유머러스하면서도 사랑스러운 일러스트와 함께 싣고 있는 그림 사전이다.

사육 재배 도감
아라사와 시게오 지음 | 김민영 옮김 | 384쪽 | 18,000원
동물과 식물을 스스로 키워보자!
생명을 돌보는 것은 결코 쉬운 일이 아니다. 꾸준히 손이 가고, 인내심과 동시에 책임감을 요구하기 때문이다. 그럴 때 이 책과 함께 한다면 어떨까? 살아있는 생명과 함께하며 성숙해진 마음은 그 무엇과도 바꿀 수 없는 보물로 남을 것이다.

판타지세계 용어사전
고타니 마리 감수 | 전홍식 옮김 | 248쪽 | 18,000원
판타지의 세계를 즐기는 가이드북!
온갖 신비로 가득한 판타지의 세계. 『판타지세계 용어사전』은 판타지의 세계에 대한 이해를 돕고 보다 깊이 즐길 수 있도록, 세계 각국의 신화, 전설, 역사적 사건 속의 용어들을 뽑아 해설하고 있으며, 한국어판 특전으로 역자가 엄선한 한국 판타지 용어 해설집을 수록하고 있다.

식물은 대단하다
다나카 오사무 지음 | 남지연 옮김 | 228쪽 | 9,800원
우리 주변의 식물들이 지닌 놀라운 힘!
오랜 세월에 걸쳐 거목을 말려 죽이는 교살자 무화과나무, 딱지를 만들어 몸을 지키는 바나나 등 식물이 자신을 보호하는 아이디어, 환경에 적응하여 살아가기 위한 구조의 대단함을 해설한다. 동물은 흉내 낼 수 없는 식물의 경이로운 능력을 알아보자.

세계사 만물사전
헤이본샤 편집부 지음 | 남지연 옮김 | 444쪽 | 25,000원
우리 주변의 교통 수단을 시작으로, 의복, 각종 악기와 음악, 문자, 농업, 신화, 건축물과 유적 등, 고대부터 제2차 세계대전 종전 이후까지의 각종 사물 약 3000점의 유래와 그 역사를 상세한 그림으로 해설한다.

그림과 사진으로 풀어보는 마녀의 약초상자
니시무라 유코 지음 | 김상호 옮김 | 220쪽 | 13,000원
「약초」라는 키워드로 마녀를 추적하다!
정체를 알 수 없는 약물을 제조하거나 저주와 마술을 사용했다고 알려진 『마녀란 과연 어떤 존재일까? 그들이 제조해온 마법약의 재료와 제조법, 마녀들이 특히 많이 사용했던 여러 종의 약초와 그에 얽힌 이야기들을 통해 마녀의 비밀을 알아보자.

고대 격투기
오사다 류타 지음 | 남지연 옮김 | 264쪽 | 21,800원
고대 지중해 세계의 격투기를 총망라!
레슬링, 복싱, 판크라티온 등의 맨몸 격투술에서 무기를 활용한 전투술까지 풍부하게 수록한 격투 교본. 고대 이집트·로마의 격투술을 일러스트로 상세하게 해설한다!

초콜릿 세계사
-근대 유럽에서 완성된 갈색의 보석
다케다 나오코 지음 | 이지은 옮김 | 240쪽 | 13,000원
신비의 약이 연인 사이의 선물로 자리 잡기까지의 역사!
원산지에서 「신의 음료」라고 불렸던 카카오. 유럽 탐험가들에 의해 서구 세계에 알려진 이래, 19세기에 이르러 오늘날의 형태와 같은 초콜릿이 탄생했다. 전 세계로 널리 퍼질 수 있었던 초콜릿의 흥미진진한 역사를 살펴보자.

에로 만화 표현사
키미 리토 지음 | 문성호 옮김 | 456쪽 | 29,000원
에로 만화에 학문적으로 접근하다!
에로 만화 주요 표현들의 깊은 역사, 복잡하게 얽힌 성립 배경과 관련 사건 등에 대해 자세히 분석해본다.

크툴루 신화 대사전

히가시 마사오 지음 | 전홍식 옮김 | 552쪽 | 25,000원

크툴루 신화 세계의 최고의 입문서!

크툴루 신화 세계관은 물론 그 모태인 러브크
래프트의 문학 세계와 문화사적 배경까지 총망
라하여 수록한 대사전이다.

아리스가와 아리스의 밀실 대도감

아리스가와 아리스 지음 | 김효진 옮김 | 372쪽 | 28,000원

41개의 놀라운 밀실 트릭!

아리스가와 아리스의 날카로운 밀실 추리소설
해설과 이소다 가즈이치의 생생한 사건현장 일
러스트가 우리를 놀랍고 신기한 밀실의 세계로
초대한다.

연표로 보는 과학사 400년

고야마 게타 지음 | 김진희 옮김 | 400쪽 | 17,000원

알기 쉬운 과학사 여행 가이드!

「근대 과학」이 탄생한 17세기부터 우주와 생명
의 신비에 자연 과학으로 접근한 현대까지. 파
란만장한 400년 과학사를 연표 형식으로 해설
한다.

제2차 세계대전 독일 전차

우에다 신 지음 | 오광웅 옮김 | 200쪽 | 24,800원

일러스트로 보는 독일 전차!

전차의 사양과 구조, 포탄의 화력부터 전차병의
군장과 주요 전장 개요도까지. 제2차 세계대전
의 전장을 누볐던 독일 전차들을 풍부한 일러
스트와 함께 상세하게 소개한다.

구로사와 아키라 자서전 비슷한 것

구로사와 아키라 지음 | 김경남 옮김 | 360쪽 | 15,000원

거장들이 존경하는 거장

영화감독 구로사와 아키라의 반생을 회고한 자
서전. 구로사와 아키라의 영화가 사람들의 마음
을 움직였던 힘의 근원이 무엇인지, 거장의 성
찰과 고백을 통해 생생하게 드러난다.

유감스러운 병기 도감

세계 병기사 연구회 지음 | 오광웅 옮김 | 140쪽 | 14,800원

69종의 진기한 병기들의 깜짝 에피소드!

끝내 역사에 이름을 남기지 못하고 사라져간 진
기한 병기들의 애수 어린 기록들을 올컬러 일러
스트로 흥미진진하게 소개한다.